DER GIESSEN-TEST (GT)

Materialien zum Gießen-Test:

- 10 Fragebogen GT-S, Fr. 8.– / DM 9.50 (3-456-30536-2*)
- 10 Fragebogen GT-Fm, Fr. 8.– / DM 9.50 (3-456-30535-4*)
- 10 Fragebogen GT-Fw, Fr. 8.– / DM 9.50 (3-456-30534-6*)
- 25 Profilblätter (1 Block) (Neustandardisierung 1990), Fr. 10.– / DM 11.50 (3-456-81970-6*)
- 1 Satz Schablonen (Skalen 1–6), Fr. 5.– / DM 5.50 (3-456-30533-8*)

Preise: Stand 1990

DIETER BECKMANN

ELMAR BRÄHLER

HORST-EBERHARD RICHTER

DER GIESSEN-TEST (GT)

EIN TEST FÜR INDIVIDUAL- UND GRUPPENDIAGNOSTIK

HANDBUCH

VIERTE, ÜBERARBEITETE AUFLAGE
MIT NEUSTANDARDISIERUNG 1990

VERLAG HANS HUBER

BERN STUTTGART TORONTO

CIP-Titelaufnahme der Deutschen Bibliothek

Beckmann, Dieter:
Gießen-Test : (GT) ; ein Test für Individual- und
Gruppendiagnostik ; Handbuch / Dieter Beckmann ;
Elmar Brähler ; Horst-Eberhard Richter. – 4., über-
arb. Aufl. mit Neustandardisierung 1990. – Bern ;
Stuttgart ; Toronto : Huber, 1991
   ISBN 3-456-82041-0
NE: Brähler, Elmar:; Richter, Horst-Eberhard:

4. überarbeitete Auflage 1991
© 1972, 1983, 1991 by Verlag Hans Huber, Bern
Druck: Konkordia Druck GmbH, 7580 Bühl
Printed in Germany

INHALT

VORWORT ZUR VIERTEN AUFLAGE

Der Gießen-Test ist seit fast zwanzig Jahren in vielen Ländern verbreitet, so daß trotz einer Reihe von Gegenargumenten der Test unverändert belassen wurde. Mit dieser vierten Auflage wird jedoch eine Neustandardisierung vorgelegt, mit der sich die Normwerte der Items und Skalen in den Tabellen und im Profilblatt verschieben. Waren die Abweichungen der Standardwerte von 1968 bis 1975 für den Anwender des Tests eher unbedeutsam, so ergeben sich bei der neuesten Standardisierung nun doch relevante Veränderungen. Der Benutzer des Gießen-Test sollte deshalb die mit dieser vierten Auflage vorgelegten aktuellen Normwerte verwenden. Auch das Profilblatt wurde auf den aktuellen Stand gebracht. Im Mittel haben sich die Normwerte der Skalen um etwa zwei bis drei T-Werte verschoben: die Bundesdeutschen sind im Mittel dominanter, unterkontrollierter hypomanischer und durchlässiger, aber auch positiv resonanter und sozial potenter geworden.

Wesentlich überarbeitet und ergänzt wurde auch das Literaturverzeichnis. Trotzdem konnten nur die wichtigsten Veröffentlichungen aufgenommen werden. Spezielle Literaturwünsche können durch eine Bibliographie erfüllt werden. * Es liegt eine Liste von ca. 1000 Publikationen vor.

Ganz herzlichen Dank gilt Herrn Dipl.-Psych. J. Kupfer, der die umfänglichen Rechenarbeiten durchführte. Auch gilt unser Dank Herrn T. Grove, der das Profilblatt zeichnete, und Frau S. Sauer, die das Manuskript erstellte.

Gießen, den 24. Juni 1990

DIETER BECKMANN
ELMAR BRÄHLER
HORST-EBERHARD RICHTER

---

* E. Brähler: Bibliographie zum Gießen-Test (erscheint Frühjahr 1991 bei der Zentralstelle für Psychologische Information und Dokumentation der Universität Trier.)

2. EINLEITUNG

Im deutschen Sprachgebiet sind bisher nur wenige Testverfahren veröffentlicht worden, die sich auf die Messung von Persönlichkeitsmerkmalen beziehen (vgl. HILTMANN, 1966). Insbesondere fehlen Verfahren, die in der klinischen Psychologie nutzbringend und ökonomisch verwandt werden können. In der Testpraxis des Klinischen Psychologen besteht eine empfindlich spürbare Lücke an objektiv auswertbaren Verfahren, die Persönlichkeitsbereiche anzielen, die auch heute noch in der Regel durch den RORSCHACH oder TAT erfaßt werden. Nach einer Erhebung von WILDMAN and WILDMAN (1967) sind auch in den USA in der Praxis des Klinischen Psychologen der RORSCHACH und TAT weit verbreitet. Nach dem Interview und dem WECHSLER liegen der RORSCHACH auf dem dritten und der TAT auf dem fünften Rangplatz der Verwendungshäufigkeit. In dieser Liste folgt als objektiv auswertbarer Persönlichkeitstest der MMPI erst auf dem siebten Rangplatz. Der RORSCHACH wird mehr als viermal so häufig wie der MMPI in der Praxis verwendet. Alle diese Verfahren existieren schon derart lange, daß die Vermutung nahe liegt, daß sich in der Praxis eher Instrumente mit großer Bandbreite und geringer Präzision bewährt haben. Dieser Umstand ist für den theoretisch orientierten Psychologen häufig ein Ärgernis, da dessen Liebe eher Instrumenten geringer Bandbreite und hoher Präzision gilt. Nun kann beides nicht gleichzeitig verwirklicht werden, da nach informationstheoretischen Konzepten und empirischen Untersuchungen (SHANNON and WEAVER, GARNER, ATTNEAVE, CRONBACH and GLESER) innerhalb einer bestimmten Zeit lediglich ein beschränktes Maß an Information gewonnen werden kann. Dieses Maß an Information kann durch eindimensionale Tests bei hoher Präzision erreicht werden, aber auch durch vieldimensionale Tests mit geringer Präzision. Beide Testformen haben in der Praxis erhebliche Nachteile. Bei der Entwicklung des Gießen-Tests (GT) war der Gesichtspunkt maßgebend, ein objektives und praktisches Instrument mit mittlerer Bandbreite und Präzision zu entwickeln. Als individualdiagnostisches Instrument unterscheidet sich der GT von anderen Persönlichkeitstests vor allem dadurch, daß er in bedeutendem Umfang soziale Einstellungen und Reaktionen einbezieht. Diese schwerpunktmäßige Akzentuierung psychosozialer Merkmale macht den GT zugleich als Test für verschiedenartige gruppendiagnostische Fragestellungen geeignet.

3. KONZEPT UND ENTSTEHUNG DES TESTS

Bei der Konstruktion des GT gingen wir davon aus, daß der Test möglichst folgende Ansprüche zu erfüllen hätte:

1. Er soll einem Probanden Gelegenheit geben, von sich ein Selbstbild zu entwerfen, in dem dieser seine innere Verfassung und seine Umweltbeziehungen beschreibt.

2. Dieses Selbstbild soll auf Merkmalen basieren, die für die Binnenstruktur und die psychosozialen Beziehungen des Probanden psychoanalytisch aufschlußreich sind.

3. Der Test soll für Jugendliche (ab 18 Jahre) wie für Erwachsene normaler Intelligenz anwendbar sein.

4. Die Durchführung des Tests soll nicht mehr als 10 bis 15 Minuten beanspruchen, um ihn als diagnostisches Routineinstrument für Beratungsstellen und Kliniken sowie für Gruppenuntersuchungen leicht praktikabel zu machen.

5. Der Test soll außer zur Selbsteinschätzung auch zur Fremdeinschätzung verwandt werden können (durch einfache Umsetzung der Testfragen von der ersten in die dritte Person). Der dadurch ermöglichte Vergleich von Selbst- und Fremdbild soll erstens die individualdiagnostischen Möglichkeiten des Tests erweitern (z. B. durch Arzturteil als korrektive Ergänzung eines Patienten-Selbstbildes), zweitens das Instrument für sozialpsychologische Untersuchungen anwendbar machen, z. B. für die Analyse von Arzt-Patient-Beziehungen (Übertragungs- und Gegenübertragungsprozesse), von Ehepaar-, Familien- und anderen Gruppenstrukturen.

6. Erwünscht ist ein Test von mittlerer Reliabilität, der einerseits konstante Qualitäten mit genügender Zuverlässigkeit mißt, andererseits aber auch psychische Veränderungen durch Längsschnittkontrollen zu erfassen erlaubt (z. B. zur Überprüfung von Psychotherapie-Effekten).

Formal kann man die Items des GT in verschiedene Kategorien einteilen, die allerdings teilweise nicht streng voneinander abzugrenzen sind. Einige Items fragen unmittelbar nach komplexen emotionellen Grundbefindlichkeiten wie Ängstlichkeit, Depressivität. Einzelne andere fragen nach bestimmten fundamentalen Ich-Qualitäten wie Introspektion, Phantasie, Durchhaltefähigkeit, Selbstkritik, Durchlässigkeit. Die Mehrzahl der Items fordert eine Aussage des Probanden über seine sozialen Beziehungen. Er wird gefragt nach elementaren Merkmalen seines sozialen Befindens (Nähe, Abhängigkeit, Vertrauen), seinen sozialen Reaktionen und seiner sozialen Resonanz.

Der Wunsch, durch das Selbstbild des Probanden Wesentliches über seine libidinösen und aggressiven Impulse und deren Verarbeitung unter dem Einfluß von Ich und Über-Ich zu erfahren und im Zusammenhang damit seine psychosozialen Tendenzen bzw. Abwehrformen kennenzulernen, kann natürlich nicht durch direktes Abfragen der unmittelbaren Sachverhalte realisiert werden. Wenn man erreichen will, daß der Proband sich im Rahmen seiner strukturellen Möglichkeiten relativ unbefangen und locker über sich äußert, dann müssen zahlreiche bei der Konstruktion angezielte psychische Dimensionen in verschlüsselter Form angesprochen werden. Bei manchen kritischen Qualitäten erscheint es sogar vorteilhaft, indirekt den Eindruck zu erfragen, den der Proband hinsichtlich dieser Qualitäten bei seiner Umgebung hervorzurufen glaubt[1].

Auf jeden Fall bleibt unvermeidlich, daß die Antworten bei einem direkt auf die Emotionalität zielenden Fragebogen einer kritischen Vorzensur unterliegen. Man kann sagen: Ein Proband stellt sich im GT so dar,

1. wie er sich selbst sehen möchte (Rücksicht auf das internalisierte Ich-Ideal),
2. wie er sich selbst sehen darf (Rücksicht auf das internalisierte Über-Ich) und
3. wie er vom Partner bzw. der Gruppe gesehen werden möchte bzw. darf.

Hinweise auf die intraindividuell bzw. psychosozial zu beschreibenden Abwehrmechanismen eines Probanden kann man auf verschiedene Weise gewinnen. Anhaltspunkte bieten die Werte der Einstellungsskalen (vgl. Kap. 4.3). Aufschlußreich sind auch ggf. Widersprüchlichkeiten im Probanden-Selbstbild. Gegensätzliche Ankreuzungen im Bereich einer psychischen Dimension (Standardskala) können Spannungen zwischen abgewehrten Impulsen und darauf gerichteten Abwehrtendenzen enthüllen (vgl. Kap. 5.23). Näheres über die Verfassung des Über-Ichs und des Ich-Ideals läßt sich speziell erfahren, wenn man zusätzlich zu dem Selbstbild noch das Ideal-selbst-Bild erhebt (vgl. Kap. 5.313). Auch die Gegenüberstellung von Selbstbild und Fremdbild (z. B. Urteil des Arztes oder eines Angehörigen über den Probanden im GT, vgl. Kap. 5.312) kann wertvolle Informationen über das Abwehrverhalten eines Probanden beisteuern.

Während eine Reihe von Persönlichkeitstests allein darauf abzielt, einen Probanden möglichst rein so zu erfassen, wie dieser «an sich» ist, weicht der GT von diesem rein individualpsychologischen Ideal der Testkonstruktion ab.

---

[1] Dabei kann sich z. B. zeigen, daß ein Proband sich als außerordentlich liebevoll, fürsorglich und gleichzeitig im aggressiven Bereich zurückhaltend darstellt, dafür zugesteht, daß er seitens seiner Umgebung eher auf Ablehnung stößt und in der Realität häufig in Auseinandersetzungen verwickelt wird. Dies legt dann den Schluß nahe, daß er seine Aggressivität nicht bei sich, sondern nur in Projektion auf seine Umgebung sehen kann.

Bei seiner Konzeption wurde besonderes Gewicht darauf gelegt, durch ihn zu erfahren, *wie sich ein Proband in psychoanalytisch relevanten Kategorien in Gruppenbeziehungen darstellt*. Man wird bemerken, daß zahlreiche Items dem Probanden nahelegen, sich unmittelbar in der Beziehung zu anderen Menschen zu beschreiben. Es ist also gar nicht angezielt, daß er bei der Ausfüllung des Fragebogens gewissermaßen seine sozialen Verflechtungen in der Phantasie eliminieren soll, um lediglich seine innere Verfassung als diejenige eines losgelösten Individuums darzustellen. Es wird ihm vielmehr angeboten, seine intraindividuellen Merkmale so zu beschreiben, wie sie in seine psychosozialen Tendenzen und Erfahrungen eingehen. Dies sehen wir nicht etwa unter dem Aspekt der Einbuße an verfeinerten Einsichten in die intraindividuellen Verhältnisse des Probanden, da uns auf der anderen Seite der Erkenntnisgewinn in der sozialpsychologischen Dimension besonders wichtig ist, die bislang in zahlreichen Persönlichkeitstests vernachlässigt wurde.

Die Mehrzahl der Items des GT spricht den Probanden auf seine Beziehungen zu anderen Menschen an. Das führt ihn dazu, sich auf dem Hintergrund seiner standardmäßigen Rollenbeziehungen zu beschreiben. So ist z.B. zu erwarten, daß in einer psychiatrischen bzw. psychotherapeutischen Institution das antizipierte Rollenverhältnis zum Arzt in die Antworten eingeht.

Eigene Untersuchungen haben uns gezeigt, daß diese Komponente, die man früher eben vor allem als Störfaktor angesehen hat, von Ärzten teils eingestanden, teils uneingestanden als wichtige Information für Indikationsentscheidungen im Hinblick auf Psychotherapie verwertet wird. Psychotherapeuten wollen von einer klinisch-psychologischen Diagnostik nicht allein wissen, wie ein Patient «an sich» ist, sondern vor allem auch, wie er sich zu dem Psychotherapeuten einstellen und vorzugsweise mit ihm umgehen wird. Welche Rollenmöglichkeiten erstrebt also der Patient für sich, und welche dazu passenden Rollenmöglichkeiten bietet er dem Arzt an? Und von welchen Rollenvarianten signalisiert der Patient etwa, daß er sie vermeiden möchte? Psychotherapeuten sind von ihrer Persönlichkeitsstruktur her ebenfalls nicht unbegrenzt flexibel und sind geneigt, eher solche Patienten für eine Behandlung auszusuchen, die von ihnen selbst erstrebten Beziehungsformen entgegenkommen. Offensichtlich ist es von lange unterschätzter Bedeutung, ob Patient und Therapeut in ihren wechselseitigen psychosozialen Bedürfnissen und Abwehrformen leidlich zueinander passen. Hierzu sei auf verschiedene Untersuchungen aus der eigenen Arbeitsgruppe hingewiesen (BECKMANN, BECKMANN und RICHTER, HEISING und BECKMANN).

Es gibt zweifellos aber neben der klinischen Anwendung noch zahlreiche andere soziale Bedingungen, unter denen ein Test nützlich sein kann, der die psychosozialen Tendenzen und Abwehrstrategien eines Probanden bzw. mehrerer Probanden im Verhältnis zueinander zu verdeutlichen vermag (Ehe-, Familiendiagnostik, Betriebsberatung usw.).

Die ausgewählten Items lassen Merkmale des körperlichen Befindens, speziell körperliche Symptome, außer Betracht. Wo dieser Bereich in die Diagnostik eingeschlossen werden soll, empfiehlt sich die zusätzliche Anwendung eines bewährten Beschwerde-Fragebogens. In Ergänzung zu den psychologischen Dimensionen, die durch den GT erfaßt werden, kann in der Klinik zum Beispiel der BSB (vgl. BECKMANN, RICHTER, SCHEER, 1969; ZENZ, 1971) verwandt werden[2]. Auch Fragebögen, die speziell körperliche und seelische Beschwerden ansprechen (MMPI, MMQ, MPI, u. a.) bringen Informationen, die durch den GT nicht gewonnen werden können (vgl. Kap. 7).

Mit der stufenweisen Entwicklung des GT wurde 1964 begonnen. Die Vorformen des Tests wurden insgesamt dreimal nach einer Reihe von Zwischenprüfungen revidiert. Die erste Vorform des GT bestand aus 16 Items, die zweite (1966) aus 26 Items (vgl. BECKMANN, 1968) und die dritte aus 42 Items. Die endgültige Form des GT (Januar 1968) umfaßt 40 Items. Nach den Ergebnissen der Kontrolluntersuchungen an verschiedenen Stichproben wurden Items fortgelassen, umformuliert oder auch neu aufgenommen. Die sprachliche Form der Items mußte hierbei mehreren Kriterien inhaltlicher und formaler Art genügen. Die inhaltlichen Kriterien wurden oben geschildert. Gleichzeitig wurde durch die Zwischenprüfungen eine Korrektur der Items nach statistischen Gesichtspunkten ermöglicht. Die Mittelwerte der Items wurden durch entsprechende sprachliche Korrekturen so festgelegt, daß für jedes Item die Bipolarität erhalten blieb, ohne hierdurch eine Streuung der Mittelwerte im Standardmittelwertprofil völlig auszuschalten. Die Mittelwerte der Items sind den Schwierigkeitsindizes bei ja-nein-Fragebögen analog. Bei einer gewissen Streuung der Mittelwerte im Hinblick auf Skalen ist ein höheres Maß an stabiler Testvarianz zu erwarten. Bei den Streuungen der Items wurde Homogenität angestrebt, um näherungsweise gleichgewichtete Items zu erhalten. Die Interkorrelationen der Items wurden über eine Reihe von R- (und Q-) Faktorenanalysen bei verschiedenen Stichproben kontrolliert. Im Zusammenhang mit den inhaltlichen Kriterien wurden insbesondere die Faktorenanalysen für die Selektion und die sprachliche Form des Items herangezogen. Eine faktorielle Validierung im engeren Sinne des Wortes wurde jedoch nicht angestrebt, um den verschiedenen, oben beschriebenen inhaltlichen Kriterien vorzugsweise Rechnung tragen zu können.

---

[2] Der BSB wurde inzwischen zum Gießener Beschwerdebogen weiterentwickelt. (BRÄHLER UND SCHEER, 1983)

4. STANDARDISIERUNG

Der Gießen-Test wurde ursprünglich 1968 an einer repräsentativen Stichprobe von 660 Personen in der Bundesrepublik und West-Berlin im Alter von 18 bis 60 Jahren standardisiert (Beckmann & Richter, 1972). 1975 erfolgte eine Neustandardisierung an einer repräsentativen Stichprobe von 1601 Personen in der Bundesrepublik und West-Berlin im Alter von 18 bis 60 Jahren (Beckmann, Brähler & Richter 1977, 1983).

Im Rahmen eines Forschungsprojektes über gesundheitsrelevante Verhaltensweisen wurde der GT neu standardisiert. Die Erhebung der Neustandardisierungsstichprobe wurde vom Meinungsforschungsinstitut GFM-Getas (Hamburg) durchgeführt. Zur Grundgesamtheit gehören alle während des Befragungszeitraumes (3. 6. – 11. 7. 1989) in der Bundesrepublik und Westberlin lebenden deutschen Bundesbürger im Alter von über 18 Jahren. Die Auswahl der Befragungspersonen erfolgte durch eine mehrstufige geschichtete Zufallsstichprobe, die in bezug auf Alter, Geschlecht, Gemeindegrößenklasse und Bundesland an die amtliche Bevölkerungsstatistik angeglichen wurde.

Die realisierte Stichprobe betrug n = 2025 Personen. Nach Bericht der Interviewer verlief die Befragung problemlos. Die Summe der systematischen Ausfälle betrug 33 % (Standardisierung 1975 25 %, 1968 24 %). Sie gliedern sich in:

– im Haushalt niemand angetroffen	6.6 %
– Haushalt verweigert jegliche Auskunft	9.8 %
– Zielperson trotz mehrfacher Besuche nicht angetroffen	4.6 %
– Zielperson vorübergehend krank	0.5 %
– Zielperson verweigert das Interview	8.6 %
– Zielperson verreist, in Urlaub	3.0 %

Die größten Veränderungen ergeben sich gegenüber den früheren Standardisierungen durch die Zunahme der Antwortverweigerungen.

Zur Standardisierung wurde nur die n = 1575 Personen im Alter von 18–60 Jahren herangezogen, da es sich um den Altersbereich handelt, der für Neurosen verschiedenster Beschwerdebilder charakteristisch ist (vgl. RICHTER & BECKMANN, 1969). Außerdem sollte die Vergleichbarkeit mit den früheren Standardisierungen erhalten bleiben. Für spezielle Untersuchungen bei älteren Personen stehen die Ergebnisse für die Personen über 60 Jahren (n = 450 Befragte) zur Verfügung (vgl. Tab. 26 und 34, Anhang).

Von den 1575 Befragten der Standardisierungsstichprobe füllten 1546, d. h. 98.2 %, die Fragebögen mit weniger als 8 Fehlankreuzungen aus. Bei den 1546

Personen gab es 92 = 0.1 % Fehlankreuzungen, die durch Mittelankreuzungen ersetzt wurden. Bei den folgenden Items kam es zu den meisten Fehlankreuzungen (0.3 % bis 0.5 %):

Item	Text
20	Ich glaube, im Vergleich zu meinen Altersgenossen wirke ich in meinem Benehmen eher jünger-älter
34	Ich glaube, ich bin im Vergleich zu anderen in der Liebe wenig/intensiv erlebnisfähig
30	Ich glaube, ich kann einem Partner außerordentlich viel/wenig Liebe schenken
19	Ich habe den Eindruck, ich gehe eher leicht/schwer aus mir heraus
12	Ich glaube, ich meide/suche eher sehr engen Anschluß an einen anderen Menschen
17	Ich glaube, ich habe es eher leicht/schwer, mich für lange Zeit an einen anderen Menschen zu binden

4.1 Mittelwerte und Streuungen der Items

Die Gewichtung der Items erfolgt in der Originalfragebogenform durch die Zahlen 3-2-1-0-1-2-3. Für rechnerische Zwecke ist es unpraktisch, die Rohwerte mit −3 bis +3 festzulegen, da in diesem Falle negative und positive Zahlen zu unterscheiden sind. Da eine lineare Transformation nichts an den Punktabständen ändert, wurde folgende Skalierung vereinbart:

Items: 3 2 1 0 1 2 3
Skalierung: 1 2 3 4 5 6 7

Eine O-Ankreuzung erhält also als Skalenwert (Rohwert) eine 4[3]. Eine Ankreuzung ganz links (3) erhält den Skalenwert 1. Bei allen Items wird von links nach rechts mit 1, 2, 3, 4, 5, 6 und 7 gezählt (vgl. die speziellen Abmachungen bei den Standardskalen, Kap. 4.21).

Der Gesamtmittelwert des GT liegt bei 3,90 (vgl. Tab. 21, Anhang). Die Mittelwerte der 40 Items streuen mit 0,72 um diesen Gesamtmittelwert. Item Nr. 9 (Ich habe den Eindruck, daß andere mit meiner Arbeitsleistung im allgemeinen eher besonders zufrieden – eher unzufrieden sind) zeigt die größte Linksabweichung («zufrieden»), und Item Nr. 28 (Ich habe den Eindruck, es fällt mir eher schwer – eher leicht, mit anderen eng zusammenzuarbeiten) die größte Rechtsabweichung («eher leicht»).

---

[3] Anm.: Es werden die in der Psychologie üblichen Abkürzungen RW für Rohwert und SW für Standardwert benutzt. Der RW ist hier einer der Skalenwerte 1, 2, 3, 4, 5, 6, 7, der der jeweiligen Ankreuzung entspricht.

Die gemittelte Streuung der Items beträgt 1,53 bei einer Streuung von 0,12. Item Nr. 1 (Ich habe den Eindruck, ich bin eher ungeduldig – eher geduldig) zeigt die größte Streuung, und Item Nr. 9 (Ich habe den Eindruck, daß andere mit meiner Arbeitsleistung im allgemeinen eher besonders zufrieden – eher unzufrieden sind) die kleinste Streuung. Insgesamt sind die Streuungen homogen genug, um auch ohne Standardisierung die Items bei Profilanalysen als näherungsweise gleichgewichtet anzusehen.

4.11 Transformationen

Nach den Tab. 21, 22, 23 oder 24 lassen sich je nach Zweck über

$$SW_i = \frac{x_k - \bar{x}_i}{s_i} S_j + M_j$$

Standardisierungen (sw) der 40 bipolaren Items durchführen. Hierbei sind die Werte $\bar{x}_i$ und s_i pro Item z. B. aus Tab. 21, 22, 23 oder 24 zu entnehmen. x kann entsprechend der vereinbarten Skalierung folgende Werte annehmen:

Items   3 2 1 0 1 2 3
Skalierung für x_k 1 2 3 4 5 6 7

4.111 Transformation (50/10):

Wird $M_j = 50$ und $S_j = 10$ gesetzt, ergibt sich die bekannte T-Transformation (vgl. z. B. MMPI). Diese Transformation ist bei elektronischer Datenverarbeitung vorzuziehen, da das Format der Daten durch Vorzeichengleichheit und durchgängige Zweistelligkeit ohne Komma günstig ist. Die Werte für die Items 1–40 finden sich in Tab. 44 (Anhang). Bei diesen sw-Werten sind die Rohwerte der Tab. 21 (Anhang) Grundlage, die sich unabhängig von Alter und Geschlecht auf die Populationsmitte beziehen.

4.112 Transformation (4/1,5):

Der Mittelwert der Rohwerte ist 3,90 und die Streuung 1,53 (vgl. Tab. 21, Anhang). In Angleichung an die Originalskalen kann eine analoge Transformation benutzt werden, die den Vorzug hat, unmittelbar die Originalskalen zu veranschaulichen. Hierzu wird die Transformation $M_j = 4$ und $S_j = 1,5$ benutzt. Die Werte bei Grundlage von Tab. 21 für die Items 1–40 finden sich in Tab. 45. Diese Transformation hat den Nachteil, daß bei den Items Nr. 23, Nr. 25, Nr. 28 und Nr. 33 in allerdings sehr seltenen Fällen ein negativer Wert auftreten kann. Vereinbarungsgemäß kann dieser Wert gleich 0 gesetzt werden (vgl. Tab. 45). Tab. 46 (Anhang) enthält die Transformationen zwischen der Normierung (50/10) und (4/1,5).

4.2 KONSTRUKTIONSMERKMALE DER STANDARDSKALEN

Aus der Faktorenanalyse (vgl. Tab. 30, Anhang) wird deutlich, daß die Standardskalen nicht alle Informationen des GT ausschöpfen können. Sie erleichtern jedoch die Interpretation (vgl. Kap. 5.23). Interpretationen bei Verwendung aller 40 Items setzen einige klinisch-psychologische Erfahrung voraus. Bei Untersuchungen von klinischen Gruppen sind Profilanalysen über alle 40 Items in manchen Fällen angezeigt, da sich in den Standardskalen typische Merkmale bestimmter Krankheitsbilder nicht abbilden lassen (z. B. Konflikte, vgl. Kap. 6.13). Bei der diagnostischen Auswertung des Fragebogens beim einzelnen Patienten sind Interpretationen nur sinnvoll, wenn für eine Gruppe von bedeutsam abweichenden Items ein interpretatives Konzept vorhanden ist. Abweichungen bei isoliert betrachteten Items sollten beim Einzelfall und auch bei Gruppenuntersuchungen nicht interpretiert werden, da die Items ihre klinische Bedeutung erst durch die Verknüpfung mit anderen Items erhalten. Die relativ niedrigen Ladungen der Items auf den Faktoren (vgl. Tab. 30, Anhang) machen deutlich, daß durch die Faktorenanalyse lediglich die bevorzugte Verknüpfung der Items erfaßt wird. Andere mögliche Verknüpfungen mehrerer Items können sich bei Gruppen von Patienten anbieten, die durch diese Faktorenanalyse nicht genügend erfaßt werden. Hier kann u. a. an Patienten psychiatrischer oder auch internistischer Kliniken gedacht werden (vgl. Kap. 6.1). Aber auch für andere Zwecke, wie z. B. Therapiekontrollen (vgl. Kap. 6.4), kann es sinnvoll sein, zunächst von den Items ausgehend spezielle Skalen zu entwickeln. Ob hierbei Skalen nach Außenkriterien oder durch Binnenkriterien gewonnen werden, ist vom Anwendungszweck abhängig.

Entsprechend dem bevorzugten Anwendungsbereich des GT wurde die innere Struktur bei unausgelesenen Neurotikern verschiedenster Symptomatik untersucht. Bei diesen Patienten (Psychosomatische Universitätsklinik Gießen) handelt es sich nach früheren Untersuchungen zum größten Teil um Neurotiker mit verschiedensten Körperbeschwerden, insbesondere mit vegetativen Symptomen (RICHTER u. BECKMANN, 1969).

Die Grundlage der Standardskalen ist die letzte der durchgeführten R-Faktorenanalysen einer Stichprobe von 235 ambulant untersuchten Patienten. Die Patienten entsprechen einer repräsentativen Stichprobe der Psychosomatischen Universitätsklinik Gießen. Inwieweit die aus dieser Stichprobe gewonnenen Dimensionen auch im Normalbereich orthogonal sind, wird weiter unten dargestellt (vgl. Kap. 4.22, Tab. 2).

Eine Q-Analyse mit standardisierten Items wurde an einer Stichprobe von 149 Patienten durchgeführt (vgl. Kap. 6.11). Es fanden sich 10 z. T. uni-, z. t. bipolare Faktoren mit insgesamt 70 % ausgeschöpfter Varianz, die sich interpretieren ließen. Die Q-Analyse erfaßt im Gegensatz zur R-Analyse beim GT die Struktur der Ankreuzungen unabhängig von der Streuung des Einzeltests, also unabhängig von Tendenzen, die Mitte oder Extreme (M und E) bevorzugt zu benutzen. Es erscheint in den Ladungen der FA allein der Profiltyp. Es ließ sich zeigen, daß unabhängig von der Art der Faktorisierung im wesentlichen dieselben Faktoren enthalten sind, wenn auch in der Gewichtung etwas verschoben. Die über multiple Regressionen gewonnenen standardisierten Faktorenscores (HARMAN, 1960) der Q-Faktorisierung zeigten z-Werte zwischen $-2,53$ und $+2,76$. Pro Faktor fanden sich drei bis vier Items mit z-Werten größer $\pm 1,9$. Die Items mit den größeren Abweichungen pro Faktor weisen enge Beziehungen zu den Ladungen bestimmter Faktoren der R-Analyse auf. Die Rückrechnung der Korrelationsmatrix der Faktorenscore-Matrix bei der Q-Analyse erwies sich mit Korrelationen zwischen 0,000 und maximal $\pm 0,015$ als sehr befriedigend.

Bei der R-Analyse wurden 11 Faktoren mit insgesamt 72 % ausgeschöpfter Varianz extrahiert. Die mittlere Kommunalität der 40 Items betrug bei diesen 11 Faktoren 0,69 mit einer Streuung von 0,08 (vgl. Tab. 29, Anhang). Es wurden probeweise 3, 4, 5, 6 und 7 Faktoren rotiert (Varimax). Die beste Lösung bei Berücksichtung minimaler Itemüberlappungen und guter Interpretierbarkeit war die 5-Faktoren-Rotation. Nach in Kap. 4.6 beschriebenen Kriterien wurden pro Faktor sechs Items nach den höchsten Ladungen zu Skalen zusammengefaßt. Nach der Faktormatrix entspricht die Zuordnung der Items nach den höchsten Ladungen zu den Faktoren der Zuordnung zu den Faktoren nach den ersten sechs Rangplätzen pro Faktor mit Ausnahme von drei Items. Item 9 zeigt die höchste Ladung bei Faktor 1, hat aber auch bei Faktor 3 eine etwas geringere Ladung, wonach dieses Item bei Faktor 3 auf Rangplatz 5 kommt (nach Item 18 und vor Item 38, vgl. Tab. 30). Nach der höheren Ladung wird dieses Item Faktor 1 zugerechnet. Item 33 hat bei Faktor 1 die höchste Ladung, liegt bei Faktor 4 mit einer etwas niedrigen Ladung auf Rangplatz 5. Bei Item 27 findet sich die höchste Ladung bei Faktor 1 und eine etwas niedrigere Ladung bei Faktor 4 (Rangplatz 6). Alle übrigen Items sind den Faktoren eindeutig zuzuordnen. Um formale Abhängigkeiten der Skalen durch Itemüberlappungen zu vermeiden (vgl. MMPI, ANDERSON a. BASHAW, 1966, DAHLSTROM a. WELSH, 1960), wurden die Items 9, 33 und 27 nach der höchsten Ladung jeweils nur einem Faktor (Faktor 1) zugeordnet (vgl. Tab. 31).

Diese fünf Faktoren mit relativ gleich großen Varianzanteilen von je ca. 20 % erfassen 50 % der extrahierten Varianz. Die Items der Skala 6 wurden nach Korrelationen mit den Variablen Schulbildung und Höhe des Einkommens ausgelesen[4]. Die Skala 6 des GT erfaßt nach diesem Kriterium Aspekte des Erfolgs in der sozialen Umwelt. Vier der sechs Items laden gemeinsam am höchsten auf Dimension 8 der unrotierten R-Faktorenanalyse. Die 6. Skala ist durch dieses Konstruktionskriterium nicht unabhängig von den anderen Skalen, insbesondere von der 5. Skala (vgl. Tab. 32, Anhang). Tab. 1 zeigt die Liste der Items für die so gewonnenen sechs Standardskalen nach ihrem Wortlaut bei Berücksichtigung der Skalenrichtung. Tab. 31 faßt die den

---

[4] Die Auswahl wurde nach den Ergebnissen bei der Standardisierung von 1968 getroffen (vgl. BRÄHLER, E. und BECKMANN, D., 1981).

Skalen zugehörigen Items und ihre Polungsrichtung zusammen. Hinweise zur Interpretation der Standardskalen finden sich in Kap. 5.21.

Tab. 1: Liste der Items für die Standardskalen 1 bis 6 nach ihrem Wortlaut bei Berücksichtigung der Skalenrichtung rechts und links. Die Anordnung erfolgt nach Höhe der Ladungen in der Faktorenanalyse (vgl. Tab. 29).

Skala 1, rechts

37+   Ich habe den Eindruck, ich habe es sehr leicht, auf andere anziehend zu wirken.

16+   Ich schätze, es gelingt mir eher leicht, mich beliebt zu machen.

23+   Ich glaube, ich bin eher darauf eingestellt, daß man mich für wertvoll hält.

9−   Ich habe den Eindruck, daß andere mit meiner Arbeitsleistung im allgemeinen eher besonders zufrieden sind.

33+   Ich habe den Eindruck, es gelingt mir eher gut, meine Interessen im Lebenskampf durchzusetzen.

27+   Ich glaube, ich lege sehr viel Wert darauf, schön auszusehen.

Skala 1, links

37−   Ich habe den Eindruck, ich habe es sehr schwer, auf andere anziehend zu wirken.

16−   Ich schätze, es gelingt mir eher schwer, mich beliebt zu machen.

23−   Ich glaube, ich bin eher darauf eingestellt, daß man mich für minderwertig hält.

9+   Ich habe den Eindruck, daß andere mit meiner Arbeitsleistung im allgemeinen eher unzufrieden sind.

33−   Ich habe den Eindruck, es gelingt mir eher schlecht, meine Interessen im Lebenskampf durchzusetzen.

27−   Ich glaube, ich lege kaum Wert darauf, schön auszusehen.

Skala 2, rechts

22+   Ich schätze, ich gerate besonders selten in Auseinandersetzungen mit anderen Menschen.

31−   Ich glaube, ich benehme mich im Vergleich zu anderen besonders fügsam.

3+   Ich schätze, ich lege es eher darauf an, von anderen gelenkt zu werden.

35+   Ich denke, ich habe sehr schlechte schauspielerische Fähigkeiten.

28+   Ich habe den Eindruck, es fällt mir eher leicht, mit anderen eng zusammenzuarbeiten.

1+   Ich habe den Eindruck, ich bin eher geduldig.

Skala 2, links

22−   Ich schätze, ich gerate besonders häufig in Auseinandersetzungen mit anderen Menschen.

31+   Ich glaube, ich benehme mich im Vergleich zu anderen eher besonders eigensinnig.

3−   Ich schätze, ich lege es eher darauf an, andere zu lenken.

35−   Ich denke, ich habe sehr gute schauspielerische Fähigkeiten.

28−   Ich habe den Eindruck, es fällt mir eher schwer, mit anderen eng zusammenzuarbeiten.

1−   Ich habe den Eindruck, ich bin eher ungeduldig.

Skala 3, rechts

13−   Ich glaube, ich kann im Vergleich zu anderen eher gut mit Geld umgehen.

21+   Ich habe den Eindruck, ich bin eher überordentlich.

24−   Ich habe den Eindruck, ich schaffe mir im Leben eher besonders viel Mühe.

18+ Ich glaube, ich bin mit der Wahrheit eher übergenau.
38− Ich glaube, ich habe es im Vergleich zu anderen eher leicht, bei einer Sache zu bleiben.
39− Ich glaube, ich kann sehr schwer ausgelassen sein.

Skala 3, links
13+ Ich glaube, ich kann im Vergleich zu anderen eher schlecht mit Geld umgehen.
21− Ich habe den Eindruck, ich bin sehr wenig ordentlich.
24+ Ich habe den Eindruck, ich schaffe mir im Leben eher Bequemlichkeit.
18− Ich glaube, ich bin mit der Wahrheit eher großzügig.
38+ Ich glaube, ich habe es im Vergleich zu anderen eher schwer, bei einer Sache zu bleiben.
39+ Ich glaube, ich kann sehr leicht ausgelassen sein.

Skala 4, rechts
14+ Ich halte mich oft für sehr bedrückt.
5+ Ich habe den Eindruck, daß ich mir eher besonders häufig über meine inneren Probleme Gedanken mache.
8+ Ich halte mich für besonders ängstlich.
29+ Ich denke, ich mache mir immer Selbstvorwürfe.
6− Ich schätze, daß ich eher dazu neige, meinen Ärger in mich hineinzufressen.
4− Ich glaube, eine Änderung meiner äußeren Lebensbedingungen würde meine seelische Verfassung sehr stark beeinflussen.

Skala 4, links
14− Ich halte mich selten für sehr bedrückt.
5− Ich habe den Eindruck, daß ich mir eher selten über meine inneren Probleme Gedanken mache.
8− Ich halte mich für sehr wenig ängstlich.
29− Ich denke, ich mache mir selten Selbstvorwürfe.
6+ Ich schätze, daß ich eher dazu neige, meinen Ärger irgendwie abzureagieren.
4+ Ich glaube, eine Änderung meiner äußeren Lebensbedingungen würde meine seelische Verfassung sehr wenig beeinflussen.

Skala 5, rechts
19+ Ich habe den Eindruck, ich gehe eher schwer aus mir heraus.
25− Ich denke, ich fühle mich den anderen Menschen eher sehr fern.
15+ Ich habe den Eindruck, ich gebe im allgemeinen sehr wenig von mir preis.
11+ Ich habe den Eindruck, ich zeige sehr wenig von meinen Bedürfnissen nach Liebe.
10+ Ich glaube, ich habe zu anderen Menschen eher besonders wenig Vertrauen.
34+ Ich glaube, ich bin im Vergleich zu anderen in der Liebe wenig erlebnisfähig.

Skala 5, links
19− Ich habe den Eindruck, ich gehe eher leicht aus mir heraus.
25+ Ich denke, ich fühle mich den anderen Menschen eher sehr nahe.
15− Ich habe den Eindruck, ich gebe im allgemeinen viel von mir preis.
11− Ich habe den Eindruck, ich zeige sehr viel von meinen Bedürfnissen nach Liebe.
10− Ich glaube, ich habe zu anderen Menschen eher besonders viel Vertrauen.
34− Ich glaube, ich bin im Vergleich zu anderen in der Liebe intensiv erlebnisfähig.

Skala 6, rechts
2+ Ich glaube, ich meide eher Gesellschaft.
40+ Ich fühle mich im Umgang mit dem anderen Geschlecht sehr befangen.

30+	Ich glaube, ich kann einem Partner wenig Liebe schenken.
7+	Ich habe den Eindruck, ich bin kaum daran interessiert, andere zu übertreffen.
17+	Ich glaube, ich habe es eher schwer, mich für lange Zeit an einen anderen Menschen zu binden.
26+	Ich glaube, ich habe im Vergleich zu anderen eher wenig Phantasie.

Skala 6, links

2–	Ich glaube, ich suche eher Gesellichkeit.
40–	Ich fühle mich im Umgang mit dem anderen Geschlecht unbefangen.
30–	Ich glaube, ich kann einem Partner außerordentlich viel Liebe schenken.
7–	Ich habe den Eindruck, ich bin sehr stark daran interessiert, andere zu übertreffen.
17–	Ich glaube, ich habe es eher leicht, mich für lange Zeit an einen anderen Menschen zu binden.
26–	Ich glaube, ich habe im Vergleich zu anderen eher besonders viel Phantasie.

4.21 Skalierung der Standardskalen

Die bipolare Skalierung der Items wird zur rechnerischen Vereinfachung in folgender Weise transformiert (vgl. Kap. 4.11):

Item	3 2 1 0 1 2 3
Skalierung	1 2 3 4 5 6 7

Der Rohwert der Standardskalen 1 bis 6 ist die Summe der Rohwerte der Items bei Beachtung der jeweiligen Vorzeichen einschließlich einer Konstanten pro Skala, z. B. bei Skala 4: $RW = RW_5 + RW_8 + RW_{14} + RW_{29} - RW_4 - RW_6 + 16$ (vgl. Tab. 31). Der Rohwert kann auch durch Umpolung der skalierten Items, die eine negative Richtung aufweisen, gewonnen werden:

Item	3 2 1 0 1 2 3
Skalierung (+)	1 2 3 4 5 6 7
Skalierung (–)	7 6 5 4 3 2 1

Konstanten werden hierbei nicht benötigt. Beispiel Skala 4: $RW = RW_4 + RW_5 + RW_6 + RW_8 + RW_{14} + RW_{29}$, wobei die Items 5, 8, 14 und 29 nach Skalierung (+) und die Items 4 und 6 nach Skalierung (–) ihre Rohwerte erhalten. Die letztere Testauswertung ist für die Praxis einfacher, während die Gewinnung der Rohwerte bei Berücksichtigung der Vorzeichen für elektronische Datenverarbeitung geeigneter ist.

4.22 Kennwerte der Standardskalen

In Tab. 32 finden sich die Standardmittelwerte und die Streuungen der Skalen 1 bis 6. Die Interkorrelationen entsprechen einer Kreuzvalidierung an zwei zusätzlichen Stichproben. Die Interkorrelationen zur Kontrolle der Orthogonalität der Dimensionen wurden aus der Standardisierungsstichprobe und aus einer zweiten Patienten-Stichprobe gewonnen. Es zeigt sich folgendes: die Skala 1 korreliert bei Normalen negativ mit den Skalen 4, 5 und 6. Skala 5 korreliert leicht positiv mit Skala 4, Skala 4 korreliert leicht positiv mit Skala 6. Die Skalen 5 und 6 korrelieren miteinander ($r = 0,56$).

Tab. 2: Korrelationen zwischen den Standardskalen 1–6 bei zwei Stichproben (oberer Wert: N = 1546 Normale; unterer Wert: N = 144 Neurotiker, Auszug aus den Tab. 32 und 33, Anhang).

	2	3	4	5	6
1	0,11	0,14	−0,36	−0,48	−0,54
	0,02	0,10	−0,28	−0,27	−0,27
2		0,24	0,04	−0,07	0,01
		0,20	0,06	−0,03	0,03
3			0,04	0,10	−0,03
			0,14	0,15	0,15
4				0,29	0,32
				0,17	0,11
5					0,56
					0,47

Die bei Normalen vorhandenen Abhängigkeiten zwischen den Skalen 1 bis 6 sind bei Patienten mit psychogenen Störungen etwas geringer. Die Interkorrelationen bei Patienten sind alle mit Ausnahme der zwischen Skala 5 und 6 relativ niedrig (r = 0,47, vgl. Tab. 2).

4.23 Transformation (50/10) der Standardskalen

Bei den Standardskalen 1–6 gilt für die S-Werte die Formel:

$$T_i = \frac{RW_k - \bar{x}_i}{s_i} \, S + M$$

Die Werte $\bar{x}_i$ und s_i, bezogen auf die Populationsmitte für die Standardskalen 1–6, sind aus Tab. 32 (Anhang) zu entnehmen. Der RW kann theoretisch die Werte 6 bis 42 bei den Skalen 1–6 annehmen. Entsprechend der T-Transformation wird M = 50 und S = 10 gesetzt. Die zugehörigen Standardwerte für die Skalen 1–6 finden sich in Tab. 47 (Anhang). Dort sind auch die Prozentränge der T-Werte aufgeführt. Links in der ersten Spalte der Tab. 47 stehen die Rohwerte (RW) und in den folgenden Spalten die zugehörigen Standardwerte in der T-Transformation (50/10) der Skalen 1 bis 6 (und der Skalen M und E). Ganz rechts findet sich eine Tabelle der T-Werte und zugehörigen Prozentränge. Ein Skalenwert von T = 33 bedeutet, daß links (bzw. unterhalb) dieses Wertes 4,5 % der Bevölkerung liegen. Ein Skalenwert von T = 67 bedeutet, daß rechts (bzw. oberhalb) dieses Wertes ebenfalls 4,5 % aller Fälle der Standardisierungsstichprobe liegen.

Durch die bipolare Konstruktion der Skalen sind jeweils T-Werte mit gleichen Abweichungen vom Mittelwert 50 statistisch proportional, wie in diesem Fall mit der Abweichung von T = ± 17. Die Skalierung ist im übrigen der des MMPI analog, wodurch dem in der MMPI-Interpretation geübten Psychologen die Übersicht erleichtert wird. Als wesentlicher Unterschied ist anzuführen, daß hohe Abweichungen in beiden Richtungen interpretiert werden können. Das Profilblatt (vgl. Kap. 5.12) wurde deshalb um 90° gedreht, um nicht den Eindruck aufkommen zu lassen, daß allein hohe Werte bedeutungsvoll sind. Nach dieser Abbildungsform liegt es näher, Abweichungen nach links und rechts in gleicher Weise unmittelbar als bedeutsam zu empfinden.

4.24 Normwert und neutrales Mittel

Da jede Skala sich aus 6 Items zusammensetzt und in der Testanweisung vorgegeben wird, die Versuchspersonen sollten ihr «Verhalten im Vergleich zu anderen Menschen» beurteilen, müßten vollständig objektive Selbstein-schätzungen bei einer repräsentativen Stichprobe einen neutralen Mittelwert von $6 \times 4 = 24$ aufweisen. Tab. 3 zeigt die Standardmittelwerte und die Mittelwerte bei zwei Stichproben von Neurotikern (vgl. Kap. 5.21).

Tab. 3: Mittelwerte

Skala	Standard-Normwerte	Studenten der psychotherapeutischen Beratungsstelle der Psychosomatischen Univ.-Kl. Gießen	Patienten der Psychosomatischen Universitätsklinik Gießen
1	29,36	23,93	24,76
2	25,93	23,73	24,58
3	25,84	23,84	26,16
4	21,98	30,62	29,99
5	21,18	24,25	26,11
6	19,35	21,87	22,83

Es wird deutlich, daß im Mittel die Selbsteinschätzungen verschoben sind. In diesen Verschiebungen bilden sich wahrscheinlich Züge des allgemein Erwünschten (EDWARDS, 1962, FORDYCE, 1956, u. a.) ab, d. h. die Selbstbilder weichen anscheinend in Richtung kollektiver Leitbilder ab. Damit ergeben sich zugleich sehr interessante Hinweise auf kollektive Ideale in der westdeut-schen Bevölkerung und in spezifischen Untergruppen.

Die deutlichsten Abweichungen der Standard-Normwerte vom neutralen Mittel finden sich bei den Skalen 1, 4, 5 und 6. Allgemein erwünscht sind hiernach (vgl. Kap. 5.21):

Skala 1: Positive soziale Resonanz
Skala 4: Hypomanie
Skala 5: Offenheit
Skala 6: Soziale Potenz.

4.25 Stichprobenabhängigkeit

Im folgenden werden kurz die Ergebnisse von zwei Faktorenanalysen dargestellt, um die Stichprobenabhängigkeit der Bedeutungen der Items aufzuzeigen (vgl. auch Tab. 36, Anhang). Diese Stichprobenabhängigkeit ist im Bereich des Normalen ausgeprägter als im klinischen Bereich. Aus den im folgenden beschriebenen Faktorenanalysen aus dem Bereich des Normalen wird deutlich, daß die Dimensionen, die bei Patienten beobachtet werden, auch bei Gesunden vorkommen, jedoch mit spezifischen Bedeutungsverschiebungen. Da jedoch Neurotiker die typischen affektiven Momente in prägnanter Form aufweisen, sind die Standardskalen von genereller Bedeutung, selbst wenn diese Itemkombination nicht unbedingt die Hauptkomponenten bei Gesunden erfassen. Im Bereich des Normalen werden die GT-Merkmale mehr durch sozialpsychologische Variablen mitbestimmt.

Es wurden aus der Standardisierungsstichprobe von 1968 die Volksschüler ohne abgeschlossene Berufsausbildung (N = 235; 76 % Frauen) und die Abiturienten (N = 44; 34 % Frauen) herausgesucht. Die Schulbildung wurde als Maß für den sozialen Status benutzt (vgl. auch Kap. 4.5). Bei diesen beiden Extremgruppen wurden Faktorenanalysen durchgeführt (mittlere Kommunalitäten: $h^2 = 0,65$ und $0,96^5$). Analog zu den Standardskalen wurden je Analyse fünf Faktoren rotiert (48 % und 53 % der extrahierten Varianz) und je sechs Items mit den höchsten Ladungen den Items der Standardskalen gegenübergestellt. Erschöpfend ist dieses Vorgehen sicher nicht, es erfaßt aber zumindest die wesentlichen Merkmale. Die Abhängigkeit des GT von sozialer Schichtung wird hier nicht ausführlicher behandelt. Hier geht es lediglich um eine Demonstration der prinzipiellen Mehrdeutigkeit der Items des GT. Auch bei den sprachlich gut geschulten Abiturienten erfassen darüber hinaus elf Faktoren erst 71 % der Varianz. Selbst wenn die Standardskalen über mehrere

---

[5] Anm.: Bei der relativ kleinen Stichprobe von N = 44 sind die Kommunalitäten überschätzt.

Analysen eine gewisse Stabilität als Hauptkomponenten des GT aufweisen, so sind jedoch jederzeit noch eine Reihe anderer Itemkombinationen nachweisbar.

Aus Tab. 36 ergibt sich, daß die Dimensionen, die für Neurotiker charakteristisch sind, bei Normalen nur zum Teil vorfindbar sind. Durch Kombinationen mit anderen Items erfahren die Dimensionen dazu noch Wandlungen in ihren Bedeutungen, und zwar interessanterweise abhängig vom sozialen Status, für den hier das Niveau der Schulbildung als Kriterium benutzt wurde.

4.3 STEREOTYPE ANTWORTMUSTER

Die Skala M erfaßt die Anzahl der O-Ankreuzungen bei den bipolaren Skalen der Items (3 2 1 0 1 2 3). Die Skala E erfaßt die Anzahl der Extrem-Ankreuzungen 3 links und rechts insgesamt.

Tab. 4: Kennwerte der Einstellungsskalen M und E

	Mittelwert	Median	Streuung
M	8,66	7	6,47
E	6,04	4	6,96

Beide Skalen sind nicht normalverteilt (vgl. Fig. 1), wie sich auch aus den relativ großen Streuungen im Verhältnis zu den Mittelwerten ergibt. Für beide Skalen wurde eine Flächentransformation zur Normalisierung der Verteilungen[6] vorgenommen (vgl. T-Werte in Tab. 47 für M und E).

Bei weniger als 1 % der Befragten fanden sich über alle 40 Items E-Ankreuzungen bzw. M-Ankreuzungen. Insgesamt ergibt sich, daß derartig häufige Benutzung von M- und E-Ankreuzungen relativ selten ist (vgl. auch Tab. 47). Die Skalen M und E korrelieren erwartungsgemäß leicht negativ miteinander (r = 0,36 bei Normalen und r = 0,20 bei Neurotikern). Bei einer Stichprobe von 30 Patienten, die nach fernsehaufgezeichneten Interviews (vgl. BECKMANN u. RICHTER, 1968) von 13 Ärzten und Psychologen mit dem GT beurteilt wurden, ergaben sich signifikante Zusammenhänge zwischen den Einstellungsskalen und einer Beurteilungsdimension im GT-F: Patienten, die zu M-Ankreuzungen tendieren und gleichzeitig E-Ankreuzungen meiden,

---

[6] Anm.: Ermittlung der Skalenwerte bei Zugrundelegen einer Normalverteilung als Normierung von Flächenanteilen (vgl. LIENERT, 1962).

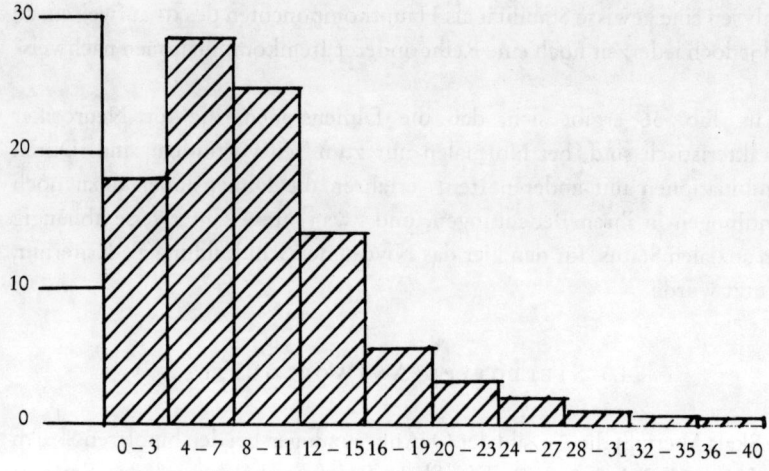

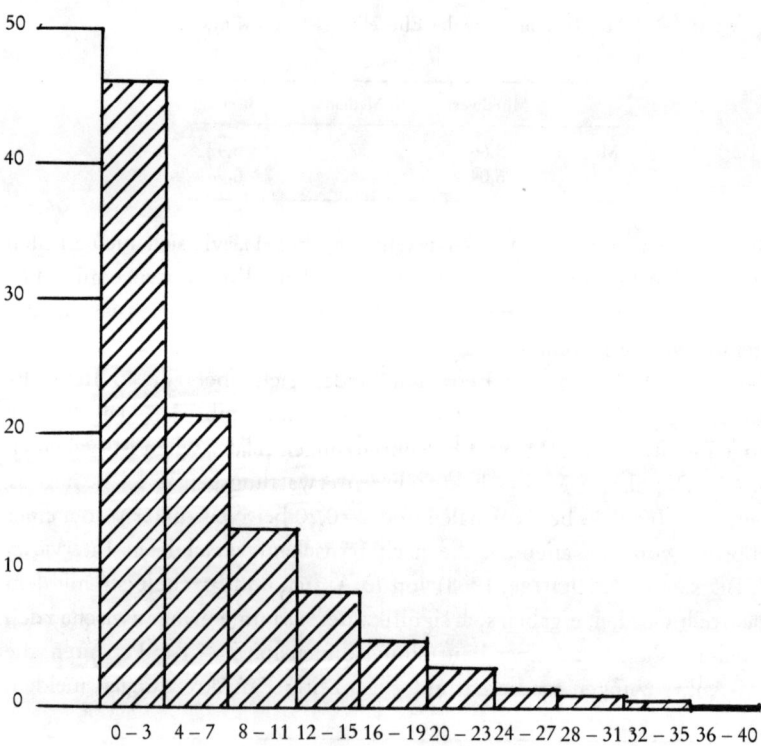

Fig. 1: Verteilungen der M- und E-Werte bei N = 1546 Befragten

werden von den Beurteilern als zwanghaft (Skala 3) eingestuft (r = 0,36 und r = −0,34). Im Selbstbild (GT-S) der Patienten findet sich dieser Zusammenhang nicht (vgl. Tab. 36). Dagegen neigen hiernach Patienten, die sich als depressiv darstellen (Skala 4), zur Vermeidung von M- und Betonung von E-Ankreuzungen (r = 0,29 und r = 0,37). Tab. 5 zeigt die Korrelationen der M- und E-Skalen mit den MMPI-Skalen.

Tab. 5: Korrelationen von M und E mit MMPI-Skalen bei 144 Neurotikern verschiedenster Beschwerden

	M	E
L	0,27	−0,06
F	−0,30	0,38
K	0,18	−0,21
Hd	−0,07	−0,06
D	−0,20	0,08
Hy	0,02	−0,03
Pp	−0,28	0,24
Mf	−0,17	−0,02
Ma	−0,21	0,29
Pt	−0,23	0,09
Sc	−0,28	0,21
Ma	−0,17	0,20
Si	−0,25	0,11

Die Tendenz, die Mitte anzukreuzen, korreliert mit allen klinischen Skalen signifikant negativ mit Ausnahme von Skala Hd und Hy. M-Ankreuzungen korrelieren leicht positiv mit hohen L- und K-Werten. Die Tendenz, Extreme zu benutzen, korreliert signifikant positiv mit hohen F-, Pp-, Pa-, Sc- und Ma-Werten, negativ mit hohen K-Werten. Die häufige Verwendung von M-Ankreuzungen kann nach diesen Befunden als Anzeiger für emotionale Indifferenz gegenüber dem Fragebogen (vgl. auch MIKULA und SCHULTER, 1970) gedeutet werden. Diese Indifferenz kann mehrere Ursachen haben: Der Patient bemerkt seine zwanghafte Selbstkontrolle nicht, die ihn dazu bringt, die Items des GT als für ihn mehr oder weniger bedeutungslos zu erleben. Er weiß nicht, daß er auf die Kommunikation affektiver Inhalte nicht eingestellt ist. Die emotionale Indifferenz gegenüber dem Fragebogen kann aber auch einer hypomanisch-verleugnenden Haltung entspringen. Der Patient glaubt in typischer Selbstüberschätzung, die affektiven Angebote der Iteminhalte für ihn selbst als bedeutungslos ansehen zu können.

Die häufige Verwendung von E-Ankreuzungen weist auf agierende Momente hin, auf ein geringes Maß an Selbstkontrolle. Auch offene Angst und Gefühle der Hilflosigkeit können dazu führen, daß der Patient jedes Item als besonders bedeutungsvoll erlebt.

Aus Tabelle 24 (Anhang) wird deutlich, daß die Mittelwerte nach Alters- und Geschlechtsgruppen geordnet einer Variation unterworfen sind. Zur Prüfung der Frage, bei welchen Items der Einfluß dieser Variablen bedeutsam ist, wurden 40 Drei-Weg-Faktoren-Varianzanalysen durchgeführt (vgl. Tab. 25, Anhang), wobei der Bildungsgrad als dritter Faktor berücksichtigt wurde (vgl. Kap. 4.5).

Die Varianzanalyse wurde mit gewichteten Mittelwerten durchgeführt, das Alter wurde dichotomisiert in 18–34 Jahre und 35–60 Jahre. Tab. 25 zeigt die F-Werte für die Quellen Geschlecht (G), Alter (A), Bildungsgrad (B) und für die Interaktionen Geschlecht × Alter (G × A), Geschlecht × Bildungsgrad (G × B), Alter × Bildungsgrad (A × B) sowie Geschlecht × Alter × Bildungsgrad (A × G × B).

Insgesamt sind 14 der 40 Items gesichert geschlechtsabhängig, davon 8 sehr massiv (vgl. Tab. 6). Gesichert altersabhängig zeigen sich 19 Items, besonders stark 13 Items, die in Tab. 7 aufgeführt sind.

Tab. 6: Liste der geschlechtsabhängigen Items
(Text gilt für Frauen; Rangordnung nach maximaler Abhängigkeit, p < 0.01)

27 r	Ich glaube, ich lege viel Wert darauf, schön auszusehen
8 r	Ich halte mich für besonders ängstlich
32 r	Ich glaube, ich mache mir verhältnismäßig oft große Sorgen um andere Menschen
3 r	Ich schätze, ich lege es eher darauf an, von anderen gelenkt zu werden
4 l	Ich glaube, eine Änderung meiner äußeren Lebensbedingungen würde meine seelische Verfassung sehr stark beeinflussen
7 r	Ich habe den Eindruck, ich bin kaum daran interessiert, andere zu übertreffen
14 r	Ich halte mich oft für sehr bedrückt
5 r	Ich habe den Eindruck, daß ich mir eher besonders häufig über meine inneren Probleme Gedanken mache

Die klassischen Rollenstereotype der Geschlechter stellen sich im GT so dar:
Zum Mann gehören Dominanz, Angstfreiheit und Unabhängigkeit. Auch gehören zur männlichen Rolle die narzißtischen Komponenten, auch ohne äußerliche Schönheit sich durchsetzen zu können. Die männliche Rolle betont die in unserer Kultur tradierten Merkmale der Attraktivität dominanter Aggressivität.

Ganz im Unterschied hierzu ist das weibliche Rollenstereotyp auf affektive Qualitäten bezogen: Eine Frau soll emotional (ängstlich, leicht verstimmbar und in sich gekehrt sein), aber auch unterwürfig sein. Sie soll sexuell attraktiv sein und gleichzeitig mütterlich sorgend und aufopfernd.

In Tab. 7 finden sich die altersabhängigen Items. Sie bilden die Stereotypien von Jugend und Alter ab. Jugend soll sorgenfrei, großzügig, ausgelassen, liebesfähig, anspruchsvoll und eher bindungslos sein. Jugend gilt in unserer Kultur als ideal, obwohl man der Jugend paradoxerweise verschwindende Kompetenzen einräumt.

Tab. 7: Liste der altersabhängigen Items
(Text gilt für die Älteren; Rangordnung nach max. Abhängigkeit P < 0.01)

24 l	Ich habe den Eindruck, ich schaffe mir im Leben eher besonders viel Mühe
20 l	Ich glaube, im Vergleich zu meinen Altersgenossen wirke ich in meinem Benehmen eher jünger
21 r	Ich habe den Eindruck, ich bin eher überordentlich
39 l	Ich glaube, ich kann sehr schwer ausgelassen sein
13 l	Ich glaube, ich kann im Vergleich mit anderen eher gut mit Geld umgehen
34 r	Ich glaube, ich bin im Vergleich mit anderen in der Liebe wenig erlebnisfähig
11 r	Ich habe den Eindruck, ich zeige sehr wenig von meinen Bedürfnissen nach Liebe
27 l	Ich glaube, ich lege kaum Wert darauf, schön auszusehen
4 l	Ich glaube, eine Änderung meiner äußeren Lebensbedingungen würde meine seelische Verfassung sehr stark beeinflussen
40 r	Ich fühle mich im Umgang mit dem anderen Geschlecht sehr befangen
12 l	Ich glaube, ich meide eher sehr engen Anschluß an einen anderen Menschen
35 r	Ich denke, ich habe sehr schlechte schauspielerische Fähigkeiten
30 r	Ich glaube, ich kann einem Partner außerordentlich wenig Liebe schenken

Soziale Kompetenz gebührt dem Stereotyp nach den alten Menschen: Sie zeigen die bürgerlichen Tugenden mühevoller Arbeit bei gelungener Affektkontrolle. Sie sollen ordentlich, kontrolliert, liebesunfähig, sparsam, unterwürfig und aufmerksam sein. Diese Merkmale erinnern an die klassischen Tugenden entsprechend der protestantischen Ethik.

Noch deutlicher werden die Stereotypien bei den Menschen über 60 Jahren. Tab. 8 zeigt den Vergleich der über 60 Jahre alten Menschen mit den 18–60-jährigen. Deutlich wird die selbstempfundene Isolation der alten Menschen, die sich als brav und freudlos erleben und resignativ zurückziehen. Noch erheblicher sind die Abweichungen bei den alten Frauen (über 60 Jahre). Tab. 9 zeigt die charakteristischen Items für alte Frauen im Vergleich zu den alten Männern. Neben einigen Items, die auch bei jüngeren Menschen geschlechtsabhängig sind, zeigen sich einige Items nur bei alten Menschen als geschlechtsabhängig: die Fügsamkeit und Schwäche (Item 14, 36), die Unfähigkeit zur Zusammenarbeit (28), die Befangenheit dem anderen Geschlecht gegenüber (40) und die Liebesunfähigkeit (34). Hierbei ist auch von Bedeutung, daß ein großer Teil der alten Frauen alleine leben muß. Eine genauere Beschreibung des Selbstkonzeptes älterer Menschen im Gießen-Test findet sich bei BRÄHLER & KUPFER, 1991.

Tab. 8: Charakteristische Items für die alten Menschen (>60J)
(Gegenüber den 18–60jährigen, p < 0.001)

34 r	Ich glaube, ich bin im Vergleich zu anderen in der Liebe wenig erlebnisfähig
11 r	Ich habe den Eindruck, ich zeige sehr wenig von meinen Bedürfnissen nach Liebe
13 l	Ich glaube, ich kann im Vergleich zu anderen eher gut mit Geld umgehen
7 r	Ich habe den Eindruck, ich bin kaum daran interessiert, andere zu übertreffen
22 r	Ich schätze, ich gerate besonders selten in Auseinandersetzungen mit anderen Menschen
2 r	Ich glaube, ich meide eher Geselligkeit
6 l	Ich schätze, daß ich eher dazu neige, meinen Ärger in mich hineinzufressen
30 r	Ich glaube, ich kann einem Partner außerordentlich wenig Liebe schenken
39 l	Ich glaube, ich kann sehr schwer ausgelassen sein
21 r	Ich habe den Eindruck, ich bin eher sehr überordentlich
19 r	Ich habe den Eindruck, ich gehe eher schwer aus mir heraus
27 l	Ich glaube, ich lege kaum Wert darauf, schön auszusehen
17 r	Ich glaube, ich habe es eher schwer, mich für lange Zeit an einen anderen Menschen zu binden
35 r	Ich denke, ich habe sehr schlechte schauspielerische Fähigkeiten
14 r	Ich halte mich oft für sehr bedrückt
1 r	Ich habe den Eindruck, ich bin eher geduldig
28 l	Ich habe den Eindruck, es fällt mir eher schwer, mit anderen eng zusammenzuarbeiten

Tab. 9: Charakteristische Items für alte Frauen gegenüber
alten Männern (> 60 Jahre, p < 0.01)

8 r	Ich halte mich für besonders ängstlich
27 r	Ich glaube, ich lege sehr viel Wert darauf, schön auszusehen
3 r	Ich schätze, ich lege es eher darauf an, von anderen gelenkt zu werden
14 r	Ich halte mich oft für sehr bedrückt
28 l	Ich habe den Eindruck, es fällt mir eher schwer, mit anderen eng zusammenzuarbeiten
40 r	Ich fühle mich im Umgang mit dem anderen Geschlecht sehr befangen
34 r	Ich glaube, ich bin im Vergleich zu anderen in der Liebe wenig erlebnisfähig
36 r	Ich glaube, daß man mich im allgemeinen eher als schwach einschätzt
22 r	Ich schätze, ich gerate besonders selten in Auseinandersetzungen mit anderen Menschen

4.5 SOZIALER STATUS

Zum sozialen Status gibt es eine Reihe von Operationalisierungen. Die meisten sind allzu sehr von kurzfristigen sozialen Veränderungen abhängig. Deshalb wird hier im folgenden für den Status als Kriterium die Bildung benutzt, da man davon ausgehen kann, daß Bildungsunterschiede mit den meisten Variablen des sozialen Status kovariieren.

Nun muß ausdrücklich betont werden, daß die Unterschiede zwischen den Menschen als Faktor von unterschiedlichem Status oder auch Bildung hier keine Bewertung impliziert. Ungebildet kann auch ursprünglich oder auch unmittelbar bedeuten, zumal heute fraglich geworden ist, ob eine mehr an Bildung in der sozialen Wirklichkeit ein mehr an Mündigkeit bedeutet, wie es ursprünglich von den Aufklärern postuliert wurde.

Nach der Liste der Items (vgl. Tab. 10) ist der gebildete Bürger eigensinnig, dominant, unordentlich, aggressiv und bequem. Man könnte diese Merkmale auch positiv formulieren: beherrscht, kreativ, unternehmerisch, aktiv und selbstsicher. Der ungebildete Bürger wäre demnach: anpassungsfähig, friedlich, ordentlich und auch realistisch. Eine Bewertung dieser Stereotypien ist unabhängig von politischen Grundsatzdiskussionen nicht möglich.

Diese signifikanten bis hochsignifikanten psychologischen Korrelate des niedrigen Sozialstatus haben sich hier nur nebenbei bei vergleichsweise geringer Stichprobengröße und ohne ein speziell auf dieses Thema zielende Untersuchungsprogramm ergeben. Um so mehr hat es uns überrascht, wie markant und differenziert der Gießen-Test aufgrund der angegebenen sozialen Kriterien psychologische Unterschiede zur Darstellung bringt. Für vertiefte Spezialuntersuchungen in diesem Feld scheint sich uns das Instrument recht gut zu eignen.

Tab. 10: Liste der bildungsabhängigen Items
(Text gilt für Personen mit höherem Bildungsgrad; Rangordnung nach maximaler Abhängigkeit, $p < 0.01$)

31 r	Ich glaube, ich benehme mich im Vergleich zu anderen besonders eigensinnig
7 l	Ich habe den Eindruck, ich bin stark daran interessiert, andere zu übertreffen
3 l	Ich schätze, ich lege es eher darauf an, andere zu lenken
21 l	Ich habe den Eindruck, ich bin eher sehr wenig ordentlich
35 l	Ich denke, ich habe sehr gute schauspielerische Fähigkeiten
22 l	Ich schätze, ich gerate besonders häufig in Auseinandersetzungen mit anderen Menschen
6 r	Ich schätze, daß ich eher dazu neige, meinen Ärger irgendwie abzureagieren
36 l	Ich glaube, daß man mich im allgemeinen eher als stark einschätzt
26 l	Ich glaube, ich habe im Vergleich zu anderen eher besonders viel Phantasie

4.6 TEST-RETEST-KORRELATIONEN

Die mittlere Test-Retest-Korrelation der 40 Items beträgt $r = 0,30$ bei einer repräsentativen Stichprobe von 204 Befragten und bei Testwiederholung nach

6 Wochen[7]. Die Korrelationen der einzelnen Items schwanken nur unwesentlich um diesen Wert (vgl. Fig. 2). Die mittlere Test-Retest-Korrelation des Testprofils beträgt r × 0,56 mit einer erheblichen Streuung der Profile der 202 Personen[8] um diesen mittleren Wert. Dieser Befund spricht gegen das klassische Reliabilitätskonzept (vgl. FISCHER, 1968), das Stichprobenunabhängigkeit voraussetzt. 33 der Befragten dieser Stichprobe zeigten Werte gleich und größer als 0,70 und 27 Personen Werte kleiner als 0,05. Da die Höhe der Korrelationen offensichtlich erheblich mehr von den Personen als von den Items abhängt, wurden diese beiden Extremgruppen näher untersucht (s. u.).

Hier kann zunächst festgestellt werden, daß bei manchen Personen der GT zeitkonstante und bei anderen zeitvariable Merkmale erfaßt. Da der Test schon von den Konstruktionsmerkmalen her darauf angelegt war, nicht nur zeitkonstante, sondern auch zeitvariable Persönlichkeitszüge zu erfassen, um ihn bei Therapiekontrollen sinnvoll anwenden zu können, wurde eine durch folgendes Kriterium begrenzte Zahl von Items pro Standardskala zu Skalen zusammengefaßt (vgl. Kap. 4.2). Nach der mittleren Test-Retest-Korrelation war bei Zusammenfassung von je 6 Items zu einer Skala damit zu rechnen, daß ca. 50 % der Varianz auf zeitkonstante und ca. 50 % der Varianz auf zeitvariable, stabile und instabile Faktoren gehen würden. Die Standardskalen

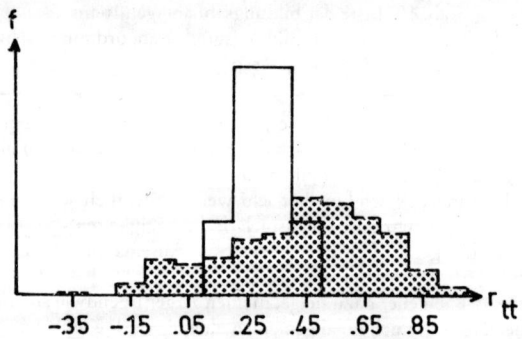

Fig. 2: Test-Retest-Korrelation
r̄ (über z') = 0,56 für die Profile (gestrichelte Linie)
r̄ (über z') = 0,30 für die Items (durchzogene Linie)
Stichprobe: N = 202 Befragte

---

[7] Hier handelt es sich um eine Teilstichprobe der Standardisierungsstichprobe von 1968.

[8] Anm.: Zwei Personen hatten bei Test und Retest allein die Mitte angekreuzt, so daß Profilkorrelationen bei diesen nicht möglich waren.

Tab. 11: Test-Retest-Korrelationen der Standardskalen

Skala	r	
1	0,73	$\bar{r}$ (über z') = 0,72
2	0,76	
3	0,73	
4	0,74	
5	0,68	
6	0,65	

nähern sich mit einer mittleren Test-Retest-Korrelation von 0,72 diesem Wert recht gut an (vgl. Tab. 11).

Die Skalen erfassen hiernach zu einem bestimmten Anteil Persönlichkeitszüge, die Änderungen unterworfen sind. Offen bleibt zunächst, ob das Maß an Instabilität von der Zeitdauer zwischen Test und Retest abhängig ist, was anzunehmen ist. Die mittlere multiple Korrelation der 40 einzelnen Items mit jeweils allen übrigen kann als ein Maß der inneren Stabilität aufgefaßt werden. Sie beträgt bei einer Stichprobe von 235 Neurotikern r = 0,51. Hieraus ergibt sich eine mittlere innere Stabilität der Standardskalen von r = 0,86 (SPEARMAN-BROWN, nach LIENERT, 1967). Nach diesen Schätzungen und den verwendeten Kriterien erfassen die Standardskalen im Mittel zu ca. 50 % zeitkonstante und zu weiteren ca. 25 % zeitvariable, stabile Merkmale. Der Rest von 25 % geht auf unaufgeklärte zeitvariable Faktoren, die mit großer Wahrscheinlichkeit zu weiteren Anteilen auf Unterschiede zwischen den Personen und auf Interaktionen der Personen mit den Items zurückzuführen sind[9].

Die hier mitgeteilten Werte sind als generelle Schätzwerte anzusehen. Sie geben keine direkte Auskunft über eines der interessantesten Probleme der differentiellen Psychologie. Die auffällige Streuung der Test-Retestprofile legt nahe anzunehmen, daß das Verhältnis von zeitkonstanten zu zeitvariablen Persönlichkeitsmerkmalen in spezifischer Weise stichprobenabhängig ist. Nach theoretischen Überlegungen und vielen Untersuchungen der Sozial- und Differentiellen Psychologie ist die Annahme, daß invariante Persönlichkeitsmerkmale gleichzeitig psychopathologische Merkmale sind, bisher lediglich wahrscheinlich gemacht, jedoch nicht bewiesen worden. Viele Autoren sind bei Testkonstruktionen immer wieder von der konventionellen

---

[9] Anm.: Der Begriff «Fehler» der klassischen Testtheorie wird hier vermieden. Klarer ist es, zumindest solange keine allgemein anerkannte Testtheorie entwickelt ist, varianzanalytisch von «Rest» oder unaufgeklärter Varianz zu sprechen und auch den allgemeinen Begriff der Reliabilität zu meiden, der sich auf Varianz- und Kovarianzschätzungen bezieht.

Auffassung ausgegangen, daß es auch im Bereich des psychopathologisch Unauffälligen differentielle Merkmale geben muß, die zeitkonstante, dauerhafte Persönlichkeitszüge erfassen. Derartige Tests leisteten jedoch dann entgegen dieser offensichtlich falschen Erwartung im Normalbereich nicht das Erhoffte, weil starre Persönlichkeitszüge eventuell erst bei Neurotikern vorfindbar sind, bei denen Persönlichkeitstests sich im allgemeinen gut bewährt haben. Mit Hilfe des GT, der darauf angelegt wurde, auch zeitvariable Merkmale zu erfassen, kann dieses Problem empirisch untersucht werden. Vielleicht läßt sich die Vermutung bestätigen, daß Merkmale von Gesunden, je mehr sie sich von Extremen wegbewegen, mehr und mehr durch soziale und sozialpsychologische Faktoren determiniert umweltsabhängiger und zeitvariabler werden (Gruppenzugehörigkeit, sozialer Status, Anpassung an soziale Normen etc., vgl. COHEN, 1969).

Es wurde dargestellt, daß die Test-Retest-Korrelationen der Profile der Befragten erheblich streuen (vgl. Fig. 2). Zwischen den 27 Befragten mit den niedrigsten (n) Korrelationen und den 33 Befragten mit den höchsten Korrelationen (h) wurde ein Extremgruppenvergleich durchgeführt. Der Verdacht, daß die Stabilität des Fragebogens z. T. bildungsabhängig ist, ließ sich erhärten. Bei einem Vergleich der Gruppen hinsichtlich des Niveaus der Schulbildung zeigte sich, daß mir $\chi^2 = 8{,}34$ bei df = 1 die Befragten mit niedrigen Test-Retest-Korrelation gesichert häufiger eine unabgeschlossene Volksschulausbildung hatten. Der Test kann hiernach bei Personen mit sehr geringer Schulausbildung unzuverlässig werden.

Tab. 12: Mittelwerte, Streuungen und t-Werte der Stichproben mit niedrigen (n) und hohen (h) Test-Retest-Korrelationen

Skala	n		h		t
	$\bar{x}$	s	$\bar{x}$	s	
1	26,85	6,70	29,70	5,88	1,75
2	25,07	5,03	28,09	4,30	2,50 *
3	28,59	4,60	28,82	4,84	0,18
4	24,26	5,30	20,76	6,69	2,21 *
5	24,93	7,23	21,00	6,46	2,22 *
6	21,26	5,93	18,55	6,10	1,73
M	8,04	6,25	7,61	5,26	–
E	5,74	6,80	8,72	8,72	–

* p <0,05

Interessant ist, daß diese Variabilität aber nicht allein von der Schulbildung abhängt. Aus Tab. 12 wird deutlich, daß beide Gruppen darüber hinaus gesichert verschiedene Profile aufweisen. Die Befragten mit hohen Test-Retest-Korrelationen stellen sich selbst als gefügiger (Skala 2), hypomanischer (4) und durchlässiger (5) als die Befragten mit niedrigen Test-Retest-Korrelationen dar. Nun ist es sicher, daß die Einstellung der Befragten zu einem Fragebogen bei der Beantwortung eine wichtige Rolle spielt. Diese Einstellung überlagert offensichtlich als gemeinsames Merkmal alle differentiellen Merkmale der Befragten.

Anmerkung: Nach einer Reihe von neueren Untersuchungen sind die Test-Retest-Korrelationen höher als Koeffizienten, die auf die sog. innere Stabilität zielen, die ja nur bei restriktiven Annahmen über die Homogenität von Testskalen begründbar sind. Der Gießen-Test ist ein Instrument, das die Validität betont, nicht jedoch das ontologische Konzept der Homogenität psychologischer Eigenschaften (vgl. BRÄHLER, E., BECKMANN, D., 1981).

5. ANWENDUNG

5.1 TESTDURCHFÜHRUNG

5.11 Testanweisungen

Der GT-S wird der Versuchsperson ohne weitere Erläuterungen mit dem Hinweis vorgelegt, daß die Testanweisung auf der ersten Seite des Fragebogens zu finden sei. Es kommt nach unseren Erfahrungen häufiger vor, daß Versuchspersonen den Wunsch äußern, den GT in gemeinsamer Beratung mit Familienangehörigen ausfüllen zu wollen, und zwar in der Meinung, daß dann die Antworten objektiver ausfallen würden. Deshalb empfiehlt sich vor allem in den Fällen, in denen der Test zur häuslichen Ausfüllung mitgegeben wird, den Verzicht auf Kooperation mit anderen bei der Beantwortung als notwendig zu erklären. Insbesondere auch bei Ehepartnern ist darauf zu achten, daß beide Partner *selbständig* arbeiten. Bei älteren und speziell bei depressiv verlangsamten Patienten kann es vorkommen, daß sie sich durch psychologische Tests generell überfordert fühlen. Natürlich sollte auf eine Erhebung des GT verzichtet werden, wenn ein Proband objektiv nicht in der Lage ist, den Test in einem kontinuierlichen Arbeitsgang selbständig durchzuführen.

Nach unseren Erfahrungen hat ca. jeder zehnte Patient (Psychosomatische Universitätsklinik Gießen) mit der Testanweisung Schwierigkeiten. Falls nach Durchlesen der Anweisung etwas unklar bleibt, wird unter Verwendung des Wortlauts der Testanweisung und des Item 1 als Beispiel das Vorgehen nochmals erläutert. Nach einer derartigen Erläuterung treten auch bei verbal unbeholfenen oder ängstlichen Patienten in der Regel keine weiteren Probleme auf. Im Unterschied zum MMPI z. B. lassen Patienten äußerst selten einzelne Items unbeantwortet. Auch Fragen nach der Bedeutung einzelner Items kommen sehr selten vor. Gelegentlich finden sich Doppelankreuzungen oder Kommentare. Wie auch bei anderen Fragebögen ereignet es sich vereinzelt, daß Probanden zweifeln, ob sie ihren augenblicklichen oder ihren durchschnittlichen Zustand beschreiben sollen. Derartige Probanden werden angewiesen, sich so darzustellen, wie sie sich *jetzt* erlebten.

Wenn *nach* Ausfüllen des GT ein oder mehrere Items unbeantwortet bleiben, wird versucht, die Versuchspersonen zu motivieren, diese Items nachträglich anzukreuzen. Weiteres Drängen empfiehlt sich nicht. Während der Testdurchführung darf der Proband nicht vom Testleiter beeinflußt werden.

Generell ist darauf zu achten, daß Einflüsse des Untersuchers die Testwerte nicht verzerren. Insbesondere bei psychoanalytischen Interviews ist der GT *vor* dem Interview zu geben, da der Test auch auf kurzzeitige Veränderungen empfindlich reagiert (wesentlich empfindlicher als z. B. der MMPI).

Der Skalenwert 4 wird bei pipolaren Doppelankreuzungen und auch bei fehlenden Ankreuzungen vom Testleiter eingesetzt. Bei Doppelankreuzungen auf einer Seite wird das Kreuz gezählt, das näher zur Skalenmitte liegt. Nach der Testdurchführung kann die Versuchsperson exploriert werden, was sie gegebenenfalls zu Doppelankreuzungen veranlaßt habe. Ergeben sich mehr als sechs fehlende oder doppelte Ankreuzungen, ist der GT für eine Auswertung über die Standardskalen nicht mehr geeignet. Eine Aufwertung über einzelne Items ist dagegen immer möglich.

5.12 Auswertung über das Profilblatt

Bei Anwendung des GT in der Forschung werden je nach Zweck das Rohwert- oder Standardprofil über alle 40 Items oder auch die Skalen benutzt (vgl. Kap. 5.22 und 5.23). Bei Einzelfalluntersuchungen im Rahmen psychologischer Diagnostik ist die Benutzung des Profilblattes des GT vorzuziehen, da hier durch Eintragung der Rohwerte die Standardisierung auf graphischem Wege geschieht. Das Profilblatt ist eine Abbildung der Tab. 47. Die Abstände der Skalenpunkte bei den Skalen 1 bis 6 sind pro Skala gleich groß, da die Standardwerttransformationen linear sind. Bei den Einstellungsskalen M und E sind die Abstände unterschiedlich. Sie verringern sich mit der Größe der Werte in einer bestimmten Form, die durch die Normalisierung dieser Skalen über die Flächentransformation vorgegeben ist.

Das Profilblatt bildet unmittelbar die Transformation der Rohwerte der Skalen 1 bis 6, M und E in Standardwerte ab. Es ist bei der Bewertung der Testergebnisse von Einzelfällen praktischer als eine T-Wert-Transformation nach Tab. 21.

Jede der Skalen 1 bis 6 hat eine Schablone mit je einer Spalte für die Fragebogenseite 1 und 2. Die Rohwerte der Skalen 1 bis 6 ergeben sich durch die Summierung der auf den Schablonen vorgedruckten Punktwerte. Pro Item der Skalen wird der Punktwert gezählt, der unterhalb der Ankreuzungen vorgedruckt ist. Bei fehlender oder doppelter Ankreuzung wird 4 gezählt (der Befragte war unentschieden). Die Rohwerte der Skalen 1 bis 6 sind die Summen von je sechs Punktwerten beider Fragebogenseiten. Die so ausgezählten Rohwerte werden rechts in das Profilblatt eingetragen (Spalte RW).

Die Rohwerte der Skalen M und E ergeben sich durch einfache Auszählung. M ist die Anzahl der unentschiedenen Ankreuzungen in der Mitte (0 bzw. 4) und E ist die Anzahl der Extremankreuzungen rechts und links (3 bzw. 1 und 7). Die Rohwerte von M und E werden ebenfalls in das Profilblatt eingetragen (Spalte RW). Das Testprofil ergibt sich durch Übertragung der Rohwerte auf die Skalen 1–6, M und E im Profilblatt. Oben auf dem Profilblatt finden sich die zugehörigen T-Werte und Prozentränge. Abweichungen zwischen 33 und 40 bzw. 60 und 67 können beim Einzelfall interpretiert werden. Werte um 50 sind beim Einzelfall statistisch unbedeutend. Werte unter 33 (links) oder über 67 (rechts) können beim Einzelfall statistisch als auffällig angesehen werden.

5.2 ALLGEMEINE HINWEISE ZUR INTERPRETATION

5.21 Standardskalen

5.211 Skala 1: Soziale Resonanz

Tabelle der Items:

Skala 1, rechts

37 + Ich habe den Eindruck, ich habe es sehr leicht, auf andere anziehend zu wirken.

16 + Ich schätze, es gelingt mir eher leicht, mich beliebt zu machen.

23 + Ich glaube, ich bin eher darauf eingestellt, daß man mich für wertvoll hält.

9 – Ich habe den Eindruck, daß andere mit meiner Arbeitsleistung im allgemeinen eher besonders zufrieden sind.

33 + Ich habe den Eindruck, es gelingt mir eher gut, meine Interessen im Lebenskampf durchzusetzen.

27 + Ich glaube, ich lege sehr viel Wert darauf, schön auszusehen.

Skala 1, links

37 – Ich habe den Eindruck, ich habe es sehr schwer, auf andere anziehend zu wirken.

16 – Ich schätze, es gelingt mir eher schwer, mich beliebt zu machen.

23 – Ich glaube, ich bin eher darauf eingestellt, daß man mich für minderwertig hält.

9 + Ich habe den Eindruck, daß andere mit meiner Arbeitsleistung im allgemeinen eher unzufrieden sind.

33 – Ich habe den Eindruck, es gelingt mir eher schlecht, meine Interessen im Lebenskampf durchzusetzen.

27 – Ich glaube, ich lege kaum Wert darauf, schön auszusehen.

Kurzbeschreibung:

links	*rechts*
negativ sozial resonant (NR)	*positiv sozial resonant (PR)*
unattraktiv, unbeliebt, mißachtet, in der Arbeit kritisiert, nicht durchsetzungsfähig, an schönem Aussehen desinteressiert	anziehend, beliebt, geachtet, in der Arbeit geschätzt, durchsetzungsfähig, an schönem Aussehen interessiert

Interpretation:

In dieser Skala geht es ganz vorzugsweise um Wirkung auf die Umgebung. Von den fünf im GT enthaltenen Items, in denen der Proband seine Wirkung auf die Umgebung beschreiben soll, erscheinen bezeichnenderweise vier zusammengefaßt in dieser Skala, nämlich Item 9 (Einschätzung der Arbeit durch andere), Item 16 (Beliebtheit), Item 23 (allgemeine Bewertung durch die Umgebung) und Item 37 (Attraktivität). Daß das Maß der sozialen Bestätigung mit der Möglichkeit korreliert, die eigenen Interessen im Leben durchzusetzen (Item 33), erscheint leicht einsichtig. Gleichzeitig leuchtet unmittelbar ein, daß Item 27 (gern schön aussehen) in dem Zusammenhang von Attraktivität (Item 37) und Beliebtheit (Item 16) auftaucht. In Skala 1 findet sich also als Hauptthema der Merkmalsgruppe: Interaktion mit der Umgebung mit dem Resultat, entweder gut oder schlecht «anzukommen». Im Vordergrund steht der Aspekt, ob man narzißtisch graviziert oder frustriert wird in der sozialen Interaktion. So entsteht der Eindruck, daß in dieser Skala gewisse Komponenten der hysterischen Erlebniswelt besonders zur Erscheinung kommen. Exhibitionistisch-voyeuristische Aspekte sind akzentuiert. Es geht darum, wie man sich zeigt und wie man gesehen wird. Und wie man sich mit den Augen der anderen sehen kann. In Verbindung damit treten Züge der «rollenhaften Erlebnisform» der hysterischen Struktur hervor. Die soziale Rolle bestimmt, wie man sich fühlt, wer man ist. Entscheidend ist, wie man sich auf der sozialen Bühne in Szene zu setzen und zu verkaufen versteht. Bezeichnenderweise fehlen in dieser Skala alle Items, die unmittelbar die innere emotionelle Verfassung oder partnergerichtete Gefühle oder Impulse erfassen. Eben kompensatorisch zu dieser Lücke erscheint die Anhäufung von Komponenten der «rollenhaften Identität» bemerkenswert und unter psychoanalytischem Aspekt charakteristisch.

Unausgelesene Neurotiker mit unterschiedlichsten Beschwerdebildern zeigen eine Tendenz, ihre soziale Resonanz negativ einzuschätzen (T = 41 im Mittel).

5.212 Skala 2: Dominanz

Tabelle der Items:

Skala 2, rechts

22 +   Ich schätze, ich gerate besonders selten in Auseinandersetzungen mit anderen Menschen.

31 −   Ich glaube, ich benehme mich im Vergleich zu anderen besonders fügsam.

3 +   Ich schätze, ich lege es eher darauf an, von anderen gelenkt zu werden.

35 +   Ich denke, ich habe sehr schlechte schauspielerische Fähigkeiten.

28 +   Ich habe den Eindruck, es fällt mir eher leicht, mit anderen eng zusammenzuarbeiten.

1 +   Ich habe den Eindruck, ich bin eher geduldig.

Skala 2, links

22 −   Ich schätze, ich gerate besonders häufig in Auseinandersetzungen mit anderen Menschen.

31 +   Ich glaube, ich benehme mich im Vergleich zu anderen eher besonders eigensinnig.

3 −   Ich schätze, ich lege es eher darauf an, andere zu lenken.

35 −   Ich denke, ich habe sehr gute schauspielerische Fähigkeiten.

28 −   Ich habe den Eindruck, es fällt mir eher schwer, mit anderen eng zusammenzuarbeiten.

1 −   Ich habe den Eindruck, ich bin eher ungeduldig.

Kurzbeschreibung:

links	*rechts*
dominant (DO)	*gefügig (GE)*
häufig in Auseinandersetzungen verstrickt, eigensinnig, gern dominierend, begabt zum Schauspielern, schwierig in enger Kooperation, ungeduldig	selten in Auseinandersetzungen verstrickt, fügsam, gern sich unterordnend, unbegabt zum Schauspielern, unschwierig in enger Kooperation, geduldig

Interpretation:

In dieser Skala bilden sich rechts und links komplementäre Merkmalsbilder ab, denen aufeinander wechselseitig bezogene psychosoziale Abwehrformen zugeordnet werden können. Auf der einen Seite stehen Aggressivität, Impulsivität, Eigensinn, Herrschaftsansprüche, auf der anderen Seite Aggressionsunfähigkeit, Geduld, Anpassungswilligkeit, Unterordnungstendenz. Stellt man sich das Verhältnis zwischen den Skalenpolen personifiziert vor, ergäbe sich in geradezu klassischer Reinheit der Typ eines autoritären Rollenverhältnisses in wechselseitiger Bedingtheit. In dieser Skala finden unter triebpsychologischem Aspekt vornehmlich anale Züge sadomasochistischer Prägung

40

ihre Darstellung. Denkt man mehr an die implizierten pschosozialen Abwehrtechniken, so ist auf der linken Seite die Tendenz zu unterstellen, inneren Konfliktdruck eher in impulsiver Weise an dominierten Partnern abzureagieren. Auf der rechten Seite der Skala zeigt sich dafür die Möglichkeit, Konflikten dadurch auszuweichen, daß man sich phobisch klein macht und an komplementäre Partner Hilfs-Ich-Funktionen und Über-Ich-Aspekte delegiert. Es ergibt sich hier die typische neurotische Ich-Einschränkung der Untertanenhaltung[1].

Patienten mit psychogenen Störungen kreuzen im Mittel eher in Richtung Dominanz an (T = 46). Wie auch bei Skala 1 entspricht dieser Wert dem neutralen Mittel (RW = 6 × 4 = 24 vgl. Kap. 4.24). «Normale» stellen sich also gemessen an Neurotikern als relativ gefügiger und anpassungswilliger dar (social desirability).

5.213 Skala 3: Kontrolle

Tabelle der Items:

Skala 3, rechts

13 −   Ich glaube, ich kann im Vergleich zu anderen eher gut mit Geld umgehen.
21 +   Ich habe den Eindruck, Ich bin eher überordentlich.
24 −   Ich habe den Eindruck, ich schaffe mir im Leben eher besonders viel Mühe.
18 +   Ich glaube, ich bin mit der Wahrheit eher übergenau.
38 −   Ich glaube, ich habe es im Vergleich zu anderen eher leicht, bei einer Sache zu bleiben.
39 −   Ich glaube, ich kann sehr schwer ausgelassen sein.

Skala 3, links

13 +   Ich glaube, ich kann im Vergleich zu anderen eher schlecht mit Geld umgehen.
21 −   Ich habe den Eindruck, ich bin eher sehr wenig ordentlich.
24 +   Ich habe den Eindruck, ich schaffe mir im Leben eher Bequemlichkeit.
18 −   Ich glaube, ich bin mit der Wahrheit eher großzügig.
38 +   Ich glaube, ich habe es im Vergleich zu anderen eher schwer, bei einer Sache zu bleiben.
39 +   Ich glaube, ich kann sehr leicht ausgelassen sein.

---

[1] Näheres über diese psychosoziale Abwehrformen siehe RICHTER, Patient Familie, Rowohlt Reinbek 1969.

Kurzbeschreibung:

links	*rechts*
unterkontrolliert (UK)	*zwanghaft (ZW)*
unbegabt im Umgang mit Geld,	begabt im Umgang mit Geld, über-
unordentlich, bequem, eher pseu-	ordentlich, übereifrig, eher wahr-
dologisch, unstetig, fähig zum Aus-	heitsfanatisch, stetig, unfähig zum
gelassensein	Ausgelassensein

Interpretation:

Skala 3 erscheint bereits auf den ersten Blick besonders prägnant, da der in ihr vereinigte Merkmalskomplex geradezu in Lehrbuchmanier psychopathologisch typisch erscheint. Die Kriterien, nach denen sich auf dieser Skala die Aussagen polarisieren, lauten: Umgang mit Geld, Ordnung halten, sich anstrengen, Wahrheit genau nehmen, Stetigkeit, Fähigkeit zum Ausgelassensein. Die relative psychologische Einheitlichkeit und Geschlossenheit dieser Skala macht es leicht, als passenden Oberbegriff für links «unterkontrolliert», für 3 rechts «überkontrolliert» anzugeben. Es ist übrigens bemerkenswert, daß in dieser Skala im Vergleich zu den Skalen 1 und 2 keine Items erscheinen, in denen direkt nach dem Umgang bzw. nach der emotionellen Kommunikation mit anderen Menschen gefragt ist. Man kann schließen, daß die Problematik dieser Skala sich tatsächlich mehr im intrapsychischen Individualbereich abspielt. Es geht um die Beziehung zwischen dem Es und den Kontrollmechanismen der Ich-Überich-Organisation, um die zwischen den Polen «triebhafter Charakter» und «Zwangsstruktur» ausgespannte Ergänzungsreihe unterschiedlicher Intensität der Triebregulation. Die Objektkontakte sind offensichtlich nur indirekt betroffen. Das heißt, daß auch die auf der linken Seite dieser Skala erscheinenden Merkmale von Kontrollschwäche nicht primär objektgerichtet sind, auch wenn die Umgebung vielfach unter den Folgen zu leiden hat. Im Vergleich zu dieser Skala 3 erfaßt die zuvor beschriebene Skala 2 wesentlich deutlicher eine primär sozialbezogene, das heißt partnergerichtete Dimension des Erlebens und Verhaltens.

Bemerkenswert ist, daß bei Skala 3 das neutrale Mittel (RW = 24) nach rechts verschoben ist (T = 46).

Unausgelesene Patienten der Psychosomatischen Poliklinik Gießen und in noch höherem Grade Studenten, die als Ratsuchende unsere Psychotherapeutische Beratungsstelle aufsuchen, weichen auf dieser Skala indessen nach links ab. Erwartungsgemäß wird die linke Skalenseite in besonderer Akzentuierung von Probanden benutzt, die durch Dissozialität, triebhaftes Agieren und Delinquenz auffällig sind. Wie in Kapitel 6.12 näher ausgeführt ist, zeigt

42

sich in dieser Skala die stärkste (hochsignifikante) Abweichung bei einer Stichprobe von 70 männlichen jugendlichen Delinquenten, wobei der Einfluß von Alter und Geschlecht berücksichtigt wurde (T = 43).

Die bei den «Normalen» bereits durchschlagende Rechtstendenz verstärkt sich, wie bei der Standardisierungsuntersuchung deutlich wurde, in den höheren Altersgruppen. Hier addiert sich offenbar zu dem Einfluß unserer soziokulturellen Normen von Ordentlichkeit, Pünktlichkeit, Wahrheitsliebe, der Einfluß einer gewissen Regidisierung im Alter. – Wie man nicht anders erwarten kann, weichen Patienten, bei denen Psychotherapeuten eine Zwangsstruktur diagnostizieren (Befunde der Psychosomatischen Universitätsklinik Gießen), auf dieser Skala absolut, aber insbesondere relativ zu anderen Patienten nach rechts ab (T = 60).

5.214 Skala 4: Grundstimmung

Tabelle der Items:

Skala 4, rechts
14 +   Ich halte mich oft für sehr bedrückt.
 5 +   Ich habe den Eindruck, daß ich mir eher besonders häufig über meine inneren Probleme Gedanken mache.
 8 +   Ich halte mich für besonders ängstlich.
29 +   Ich denke, ich mache mir immer Selbstvorwürfe.
 6 –   Ich schätze, daß ich eher dazu neige, meinen Ärger in mich hineinzufressen.
 4 –   Ich glaube, eine Änderung meiner äußeren Lebensbedingungen würde meine seelische Verfassung sehr stark beeinflussen.

Skala 4, links
14 –   Ich halte mich selten für sehr bedrückt.
 5 –   Ich habe den Eindruck, daß ich mir eher selten über meine inneren Probleme Gedanken mache.
 8 –   Ich halte mich für sehr wenig ängstlich.
29 –   Ich denke, ich mache mir selten Selbstvorwürfe.
 6 +   Ich schätze, daß ich eher dazu neige, meinen Ärger irgendwie abzureagieren.
 4 +   Ich glaube, eine Änderung meiner äußeren Lebensbedingungen würde meine seelische Verfassung sehr wenig beeinflussen.

Kurzbeschreibung:

links	*rechts*
hypomanisch (HM)	*depressiv (DE)*
selten bedrückt, wenig zur Selbstreflektion neigend, wenig ängstlich, kaum selbstkritisch, Ärger eher herauslassend, eher unabhängig	häufig bedrückt, stark zur Selbstreflektion neigend, sehr ängstlich, sehr selbstkritisch, Ärger eher hineinfressend, eher abhängig

Interpretation:

Auch die in dieser Skala erscheinende Merkmalskombination läßt eine nähere Interpretation nahezu überflüssig erscheinen. Diese Skala markiert die Grundstimmung und zeigt zugleich die wichtige Beziehung zwischen Stimmungslage und der Hauptrichtung der Aggressionsentfaltung. Je nachdem, ob die Aggression eher nach außen abgeführt wird oder sich gegen das eigene Ich wendet, ergibt sich eine Korrelation mit positiver oder negativer Stimmungsfärbung. Das entspricht der psychoanalytischen Interpretation von der Depression als Ausdruck einer Innenwendung der Aggression. Gleichzeitig manifestieren sich auf der rechten Skalenseite Hinweise auf ausgeprägte Selbstunsicherheit im Zusammenhang mit depressiver Verfassung: 8 r (besondere Ängstlichkeit) und 4 l (besondere Abhängigkeit). Dies steht wiederum mit der psychoanalytischen Erfahrung in Einklang, daß eine mit der depressiven Disposition verbundene Schwäche im Ich-Selbst-System zur Kompensation eine hilfesuchende Abhängigkeitshaltung begünstigt. Anstelle der fehlenden inneren Selbstsicherheit wird in besonderem Maße eine schützende Außenbeziehung zur Vermeidung depressiver Dekompensation benötigt.

Unausgelesene Patienten der Psychosomatischen Klinik Gießen erreichen auf dieser Skala eine durchschnittliche Rechtsabweichung von T = 64. Patienten, die von den Ärzten dieser Klinik als neurotisch depressiv diagnostiziert werden, zeigen mittlere T-Werte von T = 69.

5.215 Skala 5: Durchlässigkeit

Tabelle der Items:

Skala 5, rechts

19 +   Ich habe den Eindruck, ich gehe schwer aus mir heraus.
25 −   Ich denke, ich fühle mich den anderen Menschen eher sehr fern.
15 +   Ich habe den Eindruck, ich gebe im allgemeinen sehr wenig von mir preis.
11 +   Ich habe den Eindruck, ich zeige sehr wenig von meinen Bedürfnissen nach Liebe.
10 +   Ich glaube, ich habe zu anderen Menschen eher besonders wenig Vertrauen.
34 +   Ich glaube, ich bin im Vergleich zu anderen in der Liebe wenig erlebnisfähig.

Skala 5, links

19 −   Ich habe den Eindruck, ich gehe eher leicht aus mir heraus.
25 +   Ich denke, ich fühle mich den anderen Menschen eher sehr nahe.
15 −   Ich habe den Eindruck, ich gebe im allgemeinen viel von mir preis.
11 −   Ich habe den Eindruck, ich zeige sehr viel von meinen Bedürfnissen nach Liebe.
10 −   Ich glaube, ich habe zu anderen Menschen eher besonders viel Vertrauen.
34 −   Ich glaube, ich bin im Vergleich zu anderen in der Liebe intensiv erlebnisfähig.

Kurzbeschreibung:

links	*rechts*
durchlässig (DU)	*retentiv (RE)*
aufgeschlossen, anderen nahe, eher viel preisgebend, Liebesbedürfnisse offen ausdrückend, eher vertrauensselig, intensiv in der Liebe erlebnisfähig	verschlossen, anderen fern, eher wenig preisgebend, Liebesbedürfnisse zurückhaltend, eher mißtrauisch, in der Liebe wenig erlebnisfähig

Interpretation:

Während Skala 3 vorwiegend die intrapsychische Kontrolle (Triebhaftigkeit – Zwang) und Skala 4 vorwiegend die emotionelle Grundbefindlichkeit (Depression – Hypomanie) erscheinen lassen, behandeln die Skalen 5 und 6 wiederum hauptsächlich die psychosozialen Beziehungen. Skala 5 erfaßt eine Dimension, die sich zwischen den Polen «durchlässig» und «retentiv» ausdehnt. In ihr stellen sich fundamentale Qualitäten des Kontakterlebens und des Kontaktverhaltens dar. Und zwar sind sehr frühe orale und anale Katagorien angesprochen. Nämlich, um ERIKSONS Termini zu benutzen, die Kategorie Urvertrauen gegen Urmißtrauen sowie die Kategorie Autonomie gegen Scham und Zweifel. Die Items Nähe–Ferne (25) und Vertrauen–Mißtrauen (10) fragen nach den entwicklungsgeschichtlich sehr frühen oralen Grundlagen von Kontaktsicherheit bzw. schizoid autistischer Kontaktstörung. Überformt werden diese Grundqualitäten durch entsprechende Reaktionsbildungen, die wegen der Voraussetzung einer fortgeschrittenen Reife des neuromuskulären Systems als anal klassifiziert werden. Aus dem basalen Vertrauen entwickelt sich Offenheit, Durchlässigkeit nach außen und innen. Positive Objektkontakte stabilisieren zugleich eine unbeschwerte Aufgeschlossenheit für die eigenen Gefühle. Auf der anderen Seite entwickelt sich aus Angst vor einer feindlichen Umwelt Verschlossenheit. Man fürchtet, ausgebeutet und mißbraucht zu werden, wenn man sich öffnet. Man hält deshalb krampfhaft fest, was man in sich hat. Man bleibt damit zwar isoliert, kann aber auch nicht von außen ausgeleert oder gar kaputt gemacht werden. So bildet sich anale Retentivität als Konsequent einer schizoid paranoiden Grundeinstellung heraus.

Unausgelesene Neurotiker der Psychosomatischen Universitätsklinik Gießen zeigen im Mittel vermehrt retentive Züge (T = 58). Noch ausgeprägter wird die Rechtsabweichung auf dieser Skala (T = 62) bei Patienten, denen ärztlicherseits auf einem Beurteilungsbogen die Merkmale «zwanghafter Charakter» oder «depressiver Charakter» zuerkannt werden.

5.216 Skala 6: Soziale Potenz

Tabelle der Items:

Skala 6, rechts

2 +	Ich glaube, ich meide eher Geselligkeit.
40 +	Ich fühle mich um Umgang mit dem anderen Geschlecht sehr befangen.
30 +	Ich glaube, ich kann einem Partner wenig Liebe schenken.
7 +	Ich habe den Eindruck, ich bin kaum daran interessiert, andere zu übertreffen.
17 +	Ich glaube, ich habe es eher schwer, mich für lange Zeit an einen anderen Menschen zu binden.
26 +	Ich glaube, ich habe im Vergleich zu anderen eher wenig Phantasie.

Skala 6, links

2 −	Ich glaube, ich suche eher Geselligkeit.
40 −	Ich fühle mich im Umgang mit dem anderen Geschlecht unbefangen.
30 −	Ich glaube, ich kann einem Partner außerordentlich viel Liebe schenken.
7 −	Ich habe den Eindruck, ich bin sehr stark daran interessiert, andere zu übertreffen.
17 −	Ich glaube, ich habe es eher leicht, mich für lange Zeit an einen anderen Menschen zu binden.
26 −	Ich glaube, ich habe im Vergleich zu anderen eher besonders viel Phantasie.

Kurzbeschreibung:

links	*rechts*
sozial potent (PO)	*sozial impotent (IP)*
gesellig, im heterosexuellen Kontakt unbefangen, sehr hingabefähig, deutlich konkurrierend, fähig zu Dauerbindung, phantasiereich	ungesellig, im heterosexuellen Kontakt befangen, wenig hingabefähig, kaum konkurrierend, kaum fähig zu Dauerbindung, phantasiearm

Interpretation:

Während Skala 5 vorwiegend frühe orale und anale Merkmale des Kontakterlebens und Kontaktverhaltens anspricht und in sich recht geschlossen erscheint, geht Skala 6 ganz offensichtlich über diese frühen Kategorien hinaus und mutet auf den ersten Blick auch weniger homogen an. Wenn man beide Seiten der Skala miteinander vergleicht, so entsteht der Eindruck, daß eigentlich die Fähigkeiten, die auf der linken Skalenseite erscheinen, den Maßstab zur Orientierung über die mit Skala 6 erfaßte Dimension angeben. Die auf dieser Skalenseite auftauchenden Qualitäten lassen zusammengenommen umrißhaft das Bild einer potenten Persönlichkeit auf der ödipalgenialen Entwicklungsstufe im Sinne der Psychoanalyse entstehen. Einfallsreichtum als wesentliches Merkmal von kreativer Originalität paart sich mit einer aktiv konkurrierenden Haltung, die Selbstvertrauen voraussetzt. Die phallisch-narzißtische Potenz wird indessen ergänzt durch ausgeprägte Liebesfähigkeit mit den Merkmalen des reifen genitalen Statiums: Fähigkeit, viel Liebe zu geben, heterosexuelle Kontaktsicherheit, Möglichkeit zur Gestaltung einer Dauerbindung.

Insgesamt läßt sich der auf dieser linken Skalenseite auftauchende Komplex von Qualitäten wohl am ehesten noch durch den psychoanalytischen Begriff der Potenz in seinem weiteren Sinne erfassen. Wer sich, phantasiebegabt, mit anderen messen, angstfrei mit dem anderen Geschlecht umgehen, viel Liebe geben und in engen Beziehungen zuverlässig sein kann, würde in der Tat dem klassischen Gesundheitsideal auf der genitalen Reifestufe nahekommen. Die Etikettierung dieser Skala mit Hilfe des Oberbegriffes Potenz setzt natürlich voraus, daß der Begriff im positiven Sinne auch für das weibliche Geschlecht verstanden wird.

Bei Neurotikern findet sich übrigens in den Selbstbildern im Mittel keine Normabweichung bei Skala 6.

5.22 Zusammenfassende Interpretation der Standardskalen

Ein Überblick über die Inhalte der 6 Standardskalen läßt erkennen, daß sie, wenn auch nicht in sehr hoher Differenziertheit, eine Reihe von intraindivi-duellen und psychosozialen Merkmalskomplexen erfassen, die für eine moderne psychoanalytische Diagnostik eine zentrale Bedeutung haben.

Sie geben jeweils über Gruppen von Items Hinweise auf wesentliche Züge der Binnenstruktur, der verschiedenen Triebbereiche und deren Organisa-tionsstufen, der Ich- und Überich-Organisation, ferner Anhaltspunkte für einzelne wichtige Aspekte der intraindividuellen Abwehr. Verflochten mit den genannten Zügen erscheinen in den Skalen aber vor allem auch relevante sozialpsychologische Komplexe: psychosoziale Fähigkeiten, Tendenzen, Abwehrformen, wobei diese Informationen zum Teil indirekt über Verhal-tensmerkmale, zum Teil auch über die erlebte soziale Resonanz vermittelt werden.

Natürlich gelten für den interpretativen Umgang mit den Skalen die Vorbehalte von Seite 11. Man kann sich im GT genauso darstellen, wie man sich tatsächlich sieht. Aber man muß es nicht. Zunächst aber stellt sich die Vorfrage, was man überhaupt von sich zuverlässig sehen kann. Je nach Abwehrlage verschiebt ein Proband sein Selbstportrait aus innerem Druck heraus durchgängig nach seinem Ich-Ideal hin, also danach, wie er sein möchte. Ein anderer beschreibt sich grundsätzlich aus überstarker Selbstkritik heraus schlechter, als es ihm eigentlich gemäß wäre. Aber sein strenges Über-Ich fordert ihm diese Erniedrigung ab. Beide müssen sich aus innerem Konfliktdruck entsprechend positiv oder negativ verschoben sehen. Freilich enthalten die Skalen zum Teil selbst bereits Hinweise auf derartige abwehrbedingte Tendenzen. Massive Angaben in Richtung Hypomanie und Kontrollschwäche im Sinne von Skala 4 links und Skala 3 links erwecken eher den Verdacht auf Identifizierung mit Ich-Idealaspekten, das Umgekehrte gilt für besondere Akzentuierung in Richtung von Skala 4 rechts (Depressivität) und Skala 3 rechts (Überkontrolliertheit). Es versteht sich schließlich von selbst, daß der Ertrag des GT modifiziert wird durch die Grundeinstellung zum Test, die wiederum maßgeblich von den in Skala 5 erfaßten Merkmalen beeinflußt wird: vom Vertrauen (10,25) hängt die Bereitschaft ab, von sich Wesentliches preiszugeben (15). Die Realisierung dieser Bereitschaft impliziert schließlich die Fähigkeit, sich offen darzustellen (19).

Schließlich ist die Rücksicht des Probanden auf den Eindruck beim Testleiter in mehr oder minder hohem Grad einzukalkulieren, wobei gewisse Hinweise auf das Ausmaß derartiger Tendenzen beim Probanden ebenfalls aus dem Test selbst zu gewinnen sind (vor allem aus Skala 1 und den Einstellungsskalen M und E). Der bedeutende Einfluß von verschiedenen sozialen Variablen, der für den interpretatorischen Umgang mit den Standardskalen einzukalkulieren ist, wurde bereits hervorgehoben.

5.23 Auswertung der einzelnen Items

Man kann sich bei der GT-Auswertung zu bestimmten Zwecken mit der Erstellung eines schematischen Profils anhand der Standardskalen begnügen. Allerdings schöpft man damit die mit dem Test gelieferten psychologischen Informationen nicht aus. Die verschiedenen Faktorenanalysen, die an unterschiedlichen Stichproben durchgeführt wurden, zeigen, daß die Itemkombinationen der Standardskalen lediglich gewisse Hauptkomponenten erfassen. Nicht selten werden auch andere Itemkombinationen gefunden, die für bestimmte Stichproben charakteristisch sind.

Für die Interpretation von Einzelprofilen ist also in Rechnung zu stellen, daß seltene, aber prägnante Itemkombinationen durch Faktorenanalysen nicht erfaßt werden. In der Klinik werden immer wieder Fälle beobachtet, die ganz spezifische, aber gut interpretierbare Konflikte in ihren GT-Selbstdarstellungen beschreiben.

Eine differenziertere, aber auch beschwerlichere und einige Erfahrung voraussetzende Diagnostik ermöglicht eine Benutzung aller 40 Items. Dabei ist als erster Schritt jeweils eine Tabellarisierung derjenigen Items notwendig, die bei dem untersuchten Individuum bzw. bei der untersuchten Gruppe auffällig sind. Bei Gruppenprofilen wird jedes Item gegen die zugehörigen Normwerte (bei Berücksichtigung eventueller Geschlechts- und Altersabhängigkeiten) getestet (t-Test). Bei Einzelprofilen ergibt sich eine Orientierung über die relevanten Items durch die Standardisierung der Items. Bei den meisten Items ist eine Anerkennung von 3 links oder rechts bedeutsam, bei einigen Items schon eine Ankreuzung der Ziffer 2 links oder rechts. Ein allzu perfektionistisches Vorgehen ist bei der Interpretation von Einzelprofilen sicher nicht ratsam, zumal allein *Gruppen* von Items mit stärkeren Abweichungen interpretiert werden sollten. Es ist jedoch darauf zu achten, daß insbesondere die Items 2, 9, 23, 28, 30, 33 und 40 eine gewisse Tendenz zur Unipolarität haben (vgl. Tab. 21, Anhang).

Bei der Tabellarisierung der auffälligen Items ist zweckmäßigerweise jeweils zugleich die Standardskala am Rande zu vermerken, mit der das jeweilige Item korreliert. Dann erkennt man auf einen Blick, ob mehrere Items aus der gleichen Skala richtungsgleich oder richtungspolarisiert erscheinen. Damit erhält man für den weiteren Auswertungsgang wichtige Ausgangshinweise.

Die Tabellarisierung der auffälligen Items ist natürlich nur als ein erster Schritt zur Vororientierung zu betrachten, obwohl sich für manchen die Versuchung ergeben mag, die bloße Aneinanderreihung der signifikanten Aussageformeln bereits für ein hinreichendes Auswertungsresultat zu halten. Diese Versuchung wird dadurch gefördert, daß die Aussagen der GT-Items leicht eingängig und in ihrer Bedeutung unmittelbar durchsichtig erscheinen. Aber eine solche oberflächliche Teilauswertung kann nur zu sehr fragmentarischen Einsichten und obendrein leicht zu interpretatorischen Fehlschlüssen führen. Eine eigentliche analytische Auswertung erfordert, die einzelnen Items auf die zwischen ihnen bestehenden sei es positiven, sei es negativen Zusammenhänge zu prüfen. Erst durch das Sichtbarmachen solcher Zusammenhänge können zwei wichtige Aufgaben gelöst werden: Es können über den begrenzten Inhalt der einzelnen Items hinaus übergreifende Bedeutungszusammenhänge geklärt werden. Und es kann zugleich die Weitläufigkeit und Mehrdeutigkeit mancher Einzelitems zugunsten einer spezifischen Teilbedeutung eingeschränkt werden. Das heißt also: Das Herausfinden sinnvoller Itemkombinationen ermöglicht es, die durch ein einzelnes Item gegebene Information einerseits zu amplifizieren, andererseits präzisierend einzuengen. Natürlich muß man fragen: Wie kommt man dazu, sinnvolle Beziehungen zwischen den Items zu erkennen? Vor der Angabe einiger Orientierungshilfen sei hierzu ganz allgemein klargestellt, daß der Gießen-Test natürlich kein «Autoanalyzer» ist. Die differenzierte Auswertungsarbeit über alle 40 Items erfordert in noch höherem Maße als die bloße Auswertung anhand der Standardskalen fundierte Vorkenntnisse auf dem Gebiet der Persönlichkeitslehre, der Lehre von den Neurosen einschließlich der intraindividuellen und der psychosozialen Abwehrformen. Wer nicht weiß, welche Tatbestände hier anzutreffen sind, der wird sie natürlich aus dem GT auch nicht herauslesen können. Schließlich handelt es sich nicht um ein Instrument für Laien.

Das soll nicht etwa heißen, daß man weit über den Inhalt der Items hinaus psychoanalytisch zu spekulieren hätte. Im Gegenteil: Das diagnostische Profil sollte jeweils nicht mehr enthalten als eine Zusammensetzung der Items zu einem strukturierten psychologischen Bild, wobei die Verknüpfung zwischen verschiedenen Items zu begründen ist. Zu Beginn der Interpretationsarbeit erscheint es häufig noch sehr unsicher und hypothetisch, wenn man zwei Items ähnlicher Richtung zusammenstellt und ihnen eine übergreifende gemeinsame Bedeutung zu geben versucht. Findet man dann aber mehr und mehr andere Items, die zu der Annahme dieser hypothetischen Bedeutung gut passen, dann kann die Ausgangshypothese einen hohen Grad von Evidenz erreichen. Umgekehrt kann natürlich diese Verfahrensweise auch eine Verwerfung der ursprünglichen Annahme erzwingen und einen neuen Ansatz erfordern. Jedenfalls gewinnt ein diagnostisches Bild um so mehr an Sicherheit, je mehr Beziehungen die psychologische Bedeutung der einzelnen Items abstützen. Deshalb ist es auch eine Illusion zu glauben, man sei besonders vorsichtig und exakt, wenn man nur die Tabelle der auffälligen Items für sich uninterpretiert stehen lasse. Wie schon gesagt, sind einzelne Items oft zu mehrdeutig, als daß man das mit ihnen Gemeinte schon hinlänglich präzisieren könnte. Andererseits sind viele auch wiederum für sich genommen zu eng in ihrem Aussagegehalt. Ihr Sinn wird erst ausgeschöpft, wenn sie sich als Glied in einem strukturierten Zusammenhang mit anderen dazu passenden Items darstellen lassen.

Bei der systematischen analytischen Auswertung über alle auffälligen Items erkennt man übrigens auch am ehesten «Ausreißer», d. h. Fehlankreuzungen. Fällt bei der Zusammenstellung der zueinander passenden Items eine Ankreuzung als völlig beziehungslos (womit nicht Widersprüchlichkeiten im Sinne nachfolgend beschriebener Konfliktstrukturen gemeint sind), dann wird man an die Möglichkeit einer Fehlankreuzung denken, die allenfalls als «Fehlleistung» psychologisch verwertet werden dürfte.

Beginnt man damit, relevante Zusammenhänge zwischen den auffälligen Items zu suchen, so ist es natürlich eine gute Orientierungshilfe, wenn mehrere gleichsinnige Items aus derselben Skala erscheinen. Damit verstärkt jedes Item den Hinweis des anderen darauf, daß eine Tendenz im Sinne des

allgemeinen Bedeutungshintergrundes der jeweiligen Skala vorliegt. Umgekehrt ist es auch besonders aufschlußreich, wenn auf einundderselben Skala
konträre Ankreuzungen erfolgen, also z. B. ein Item im Sinne von Skala 3
rechts (überkontrolliert), ein anderes von Skala 3 links (unterkontrolliert).
Vielfach markiert ein solches Vorkommnis einen Konflikt. Die eine Ankreuzung liegt auf der Seite eines abgewehrten Impulses bzw. Affektes, die andere
bezeichnet die Abwehr selbst. Wie sich dieser Sachverhalt im GT manifestieren
und wie man ihn diagnostisch aufschlüsseln kann, wird in Kap. 6.23 an einem
klinischen Beispiel erläutert werden.

In den Kapiteln 6.1 und 6.2 sind einige modellhafte diagnostische Individu-
al- und Gruppenprofile abgebildet, die durch Auswertung über alle 40 Items
erstellt worden sind. Diese Beispiele mögen als weitere Hilfe zur Einführung
in die Interpretationsarbeit dienen. Erst weitere aufwendige Forschung kann
eines Tages zu einem umfassenderen Katalog von typischen Profilen der
bekannten Neurosenstrukturen wie anderer klinisch oder soziologisch definierter Gruppen führen. Ungeachtet der Möglichkeit, sich an klassifizierten
typischen Profilen zu orientieren, muß der Anfänger sich indessen darin
üben, sinnvolle Itemkombinationen als Abbildung von strukturellen und
dynamischen psychologischen Zusammenhängen selbst zu erkennen. Dabei
bedeutet es natürlich eine große Hilfe, wenn der Psychologe seine GT-Befunde
an klinischen Beobachtungen und Ergebnissen aus anderen Tests kontrollie-
ren kann.

5.3 Die Anwendungsbereiche

Der GT ist als diagnostisches Instrument zur psychologischen Selbst- und
Fremdeinschätzung für Erwachsene und Jugendliche geeignet. Etwa von
einem IQ von 80 ab kann man damit rechnen, daß Probanden zur Durchführung des Tests befähigt sind[2]. Der GT vermag, wie die nachstehenden
beispielhaften Analysen zeigen werden, sowohl im Normalbereich wie im
klinisch psychologischen Bereich verhältnismäßig differenzierte Informationen zu erbringen. In der Individualdiagnostik wie in der Gruppendiagnostik
ist er jeweils in mehreren Varianten sinnvoll anwendbar.

---

[2] Über die eingeschränkte Verläßlichkeit des GT bei geringer Intelligenz bzw. bei defizitärer
Schulbildung siehe Kapitel 4.6.

5.31 Individualdiagnostik

Zur GT-Untersuchung eines einzelnen Probanden bieten sich drei Varianten an. Man kann ausgehen
1. nur vom Selbstbild des Probanden,
2. vom Vergleich zwischen Selbstbild und Fremdbild des Probanden,
3. vom Vergleich von Selbstbild und Idealselbst-Bild des Probanden.

5.311 Selbstbild

In vielen Fällen wird man sich mit der reinen Analyse des GT-Selbstbildes des Probanden begnügen, indem man ein diagnostisches Profil nach den Standardskalen und/oder, wenn man differenzierter diagnostizieren will, unter interpretativer Auswertung aller 40 Items erstellt. Je nach der diagnostischen Aufgabenstellung empfiehlt sich eine Kombination mit anderen diagnostischen Mitteln, z. B. Interviews, Leistungstests, Symptomfragebögen, zusätzlichen Persönlichkeitstests.

5.312 Selbstbild gegen Fremdbild

Zur Bereicherung der diagnostischen Informationen über einen Probanden kann man zusätzlich zu seinem GT-Selbstbild das Fremdurteil anderer über ihn mittels GT heranziehen. Natürlich muß man bei diesen Vergleichen von Fremdbild und Selbstbild unterstellen, daß die Fremdurteiler (Arzt, familiäre Partner, Berufskollegen) teils bewußt, teils unbewußt, immer zugleich ihre Beziehung zu dem Probanden mitbeschreiben, auch wenn sie nur diesen darzustellen meinen. Diese Verfahrensvariante eignet sich damit zusätzlich als Instrument zur Erfassung von sozialen Beziehungen (siehe Kapitel 5.32). Immerhin kann man sie auch mit Gewinn zu dem Hauptzweck verwenden, die Informationen über einen einzelnen Probanden zu erweitern.

In Frage kommt, daß ein Arzt oder ein Psychologe einen Probanden nach einem Interview mit dem GT beurteilt oder daß Familienangehörige oder sonstige Bezugspersonen, die den Probanden gut kennen, ihn einschätzen. Man kann dann zunächst prüfen, ob Selbstbild und Fremdbild weitgehend identisch sind oder stark voneinander differieren. Aus der Nähe bzw. Divergenz zwischen beiden kann man Hinweise auf die Identitätsbildung, auf die Durchsichtigkeit der Struktur und auf den sozialen Kontakt des Probanden gewinnen. Im einzelnen kann sich herausstellen, daß ein Proband nach außen von sich Aspekte zeigt, die er selbst in sich nicht sehen kann, oder daß er umgekehrt bei sich etwas wahrnimmt, was der Umwelt entgeht. Zur

Veranschaulichung des Gewinns solcher Vergleiche sei aus klinischer Erfahrung auf den relativ häufigen Fall verwiesen, daß ein Proband passive Wünsche oder unterdrückte Aggressionen bei sich verleugnet, aber in der Umgebung eine Resonanz auf diese latenten Impulse hervorruft (vergleiche Beispiel Kap. 6.23). Die Andeutung solcher Verdrängungen im Selbstbild wird dann durch den Vergleich mit dem Fremdbild sehr viel verläßlicher interpretierbar.

5.313 Selbstbild gegen Idealselbst-Bild

Unter bestimmten Umständen kann es nützlich sein, einen Probanden sich einmal in üblicher Weise so beschreiben zu lassen, wie er zu sein glaubt, und ein anderes Mal so, wie er gern sein möchte. Vereinfachend sei das Resultat des zuletzt genannten Versuches als «Idealselbst-Bild» bezeichnet. In Wirklichkeit muß man natürlich unterstellen, daß dieses Idealselbst-Bild genauso wie das Selbstbild durch verschiedene Bedingungen modifiziert wird, etwa durch Rücksichtnahme auf kollektive Leitbilder und Tabus, auf das vermutete Ich-Ideal des Untersuchers sowie nicht zuletzt durch das Unbewußtbleiben von Überich-Anteilen. Es wäre also naiv zu glauben, bei diesem Versuch unmittelbar ein Porträt des echten idealen Selbst bzw. des Überichs des Probanden zu erhalten.

Nichtsdestoweniger kann der Vergleich von Selbstbild und Idelselbst-Bild manche Aufschlüsse erbringen. Zunächst ist die Richtung der Normphantasien belangvoll, weiterhin aber auch das Maß der Distanz zwischen dem Gewünschten und dem realisiert Geglaubten. Schließlich ist die Ermittlung des Idealselbst-Bildes von großem Wert für die Beurteilung der psychosozialen Abwehrformen eines Patienten. Wenn man ihn nämlich nach Erhalt seines Selbstbildes und seines Idealselbst-Bildes zusätzlich Wahlpartner (etwa Ehepartner, Freunde) beurteilen läßt, so ergeben sich Rückschlüsse auf Ausmaß und Richtung narzißtischer Projektionen. Das heißt, man kann sehen, ob der Proband kompensatorische Beziehungen im Sinne der Substituierung seiner positiven Identität (Partner als Substitut des Idealselbst) oder seiner negativen Identität (Partner als Sündenbock oder als schwacher Teil) sucht. Diese Information ist natürlich nicht nur für individualdiagnostische Zwecke, sondern darüber hinaus auch für gruppendiagnostische Zwecke bedeutsam.

Wenn man das Idealselbst-Bild erheben will, empfiehlt sich, diesen Versuch nicht unmittelbar, möglichst nicht einmal am gleichen Tag der Erhebung des Selbstbildes folgen zu lassen. Erfahrungsgemäß beeinträchtigt eine allzu deutliche Erinnerung an das gelieferte Selbstbild die Idealselbst-Beschreibung anhand des gleichen Formulars.

5.32 Gruppendiagnostik

Gruppendiagnostik kann man in zwei völlig verschiedenen Richtungen betreiben. Im ersten Fall, der Interaktionsdiagnostik, interessiert man sich für die Beziehungen zwischen Mitgliedern von Gruppen, Teilen von Gruppen oder verschiedenen Gruppen zueinander. So kann der GT z. B. für die Analyse der Arzt-Patient-Beziehung, der Beziehung zwischen Ehepartnern, zwischen Eltern und Kind, zwischen Mitgliedern eines Arbeitsteams, zwischen Patienten in einer Gruppentherapie, zwischen Partnergruppen in einem Krankenhaus usw. benutzt werden. Für die Diagnostik von Gruppen ist der GT durch die leichte Erhebbarkeit und Kürze der Erhebungszeit besonders geeignet. Im zweiten Fall der Gruppendiagnostik, bei der Analyse von Durchschnittsmerkmalen von Kollektiven, interessiert man sich für die typischen Merkmale aller Versuchspersonen im Vergleich zur Norm oder im Vergleich zu Kontrollgruppen. Hier wird nicht nach der Beziehung zwischen verschiedenen Teilen einer Gruppe, sondern nach dem Mittelwertsprofil eines Kollektivs oder nach den Mittelwertsprofilen von Untergruppen eines Gesamtkollektivs gefragt. Im politischen, pädagogischen, fürsorgerischen, ökonomischen Umgang mit zunächst schwer durchschaubaren Gruppen ist es vielfach sehr hilfreich, wenn man nicht nur soziale und ökonomische, sondern auch psychische Merkmale der betreffenden Kollektive genauer kennt. Daß bei derartigen Analysen der GT als verhältnismäßig leicht praktikables Instrument gute Dienste zu leisten vermag, wird in den Kapiteln 6.14 und 6.15 veranschaulicht werden. Man kann mit Hilfe einer GT-Gruppenanalyse natürlich auch psychosomatische Hypothesen überprüfen wie etwa die hypothetische Annahme einer spezifischen Ulcus-, Herzneurose- oder Asthmapersönlichkeit (vgl. das Beispiel unserer GT-Untersuchung an einer Stichprobe von Ulcus-Kranken, Kap. 6.13).

5.321 Interaktionsdiagnostik
5.3211 Zwei-Personen-Beziehung

Bei der Analyse der Beziehungen von zwei Personen zueinander wird man im einfachsten Fall zwei Selbst- und zwei Fremdbilder erheben. Als Beispiele von Zwei Personen-Beziehungen seien Ehepaare[3], Mutter-Kind, Arzt-Patient erwähnt. Bei Ehepartnern ergeben sich folgende vier GT-Profile:

---

[3] Zur Diagnostik der Paarbeziehung mit dem GT ist eine eigene Monographie vorgesehen.

1. mm: Urteil des Mannes über sich selbst
2. mw: Urteil des Mannes über die Frau
3. wm: Urteil der Frau über den Mann
4. ww: Urteil der Frau über sich selbst

Stellt man z. B. je das Selbstbild und Fremdbild des Mannes (mm und wm) auf einem Profilblatt dar und auch die beiden Bilder der Frau (ww und mw), so ergeben sich in der Regel wertvolle Aufschlüsse über die beiden Partner und deren Beziehungen zueinander. So können im einfachsten Fall bei beiden Partnern Selbst- und Fremdbild gut übereinstimmen, während die Partner sich in mehreren Bereichen (Items und/oder Standardskalen) polar voneinander absetzen. So wird der Mann z. B. als dominierend und die Frau als gefügig bei Skala 2 von beiden übereinstimmend beschrieben. Häufig fallen aber auch bei einem der Partner oder bei beiden Selbst- und Fremdbild auseinander. Ein Mann und eine Frau beschreiben sich gegenseitig als wesentlich dominanter (Skala 2) und kontrollschwächer (Skala 3) als jeder von beiden sich selbst. In der nachfolgenden Ehepaartherapie bestätigt sich folgende Interpretation: Jeder von beiden ärgert sich über die Herrschsüchtigkeit und Schlampigkeit, die er bei sich selbst verleugnet und statt dessen projektiv beim Partner überakzentuiert. Es handelt sich um einen typischen Austausch der Projektionen oder eigenen negativen Identitäten oder um ein trading of dissociations (RICHTER, WYNNE).

Nach Q-Faktorenanalysen, bei denen die standardisierten vier Urteile (mm, mw, wm, ww) über die sechs GT-Skalen als Vektor definiert wurden (N = 60 Ehepaare), finden sich bei Problemehen bestimmte Beurteilungsstrukturen wiederholt. Es kommen Ehepaarstrukturen vor, bei denen Selbst- und Fremdbilder beider Partner hoch übereinstimmen und die beiden Partner bei den sechs GT-Skalen eher komplementäre oder symmetrische Beziehungen aufweisen (3 Faktoren). Bei weiteren Q-Faktoren finden sich Urteilsstrukturen, bei denen das Selbst- und Fremdbild des einen Partners auseinanderfällt, während der andere hohe Selbst-Fremdbildübereinstimmung zeigt (2 Faktoren). Bei einem stärkeren Abweichen von Selbstbild und Fremdbild ist es natürlich für die Interpretation hilfreich, wenn dem Selbstbild mehrere Fremdbilder gegenüberstehen. Wenn z. B. bei der Ehepaar-Diagnostik die Profile mm, mw, wm, ww und zusätzlich die Urteile Arzt über Mann und Arzt über Frau vorliegen, dann ist es bei einem einseitigen Abweichen von Selbst- und Fremdbild innerhalb eines Paares (z. B. mm identisch mit wm, aber ww polarisiert gegen mw) klärend, wenn der Arzt sich gleichsinnig mit mw gegen ww absetzt, das spricht für eine einseitig betonte dissoziative Abwehrform der Frau.

Will man ein differenzierteres Bild der Partnerbeziehungen erheben, so kann jede der beiden Personen darüber hinaus ihr Idealselbst-Bild im GT darstellen. Hierdurch ergeben sich wertvolle Aufschlüsse über die Art der Konfliktstrukturen bei Problemfamilien. So können z. B. bei dem einen Partner das Selbstbild, Fremdbild und Idealselbst-Bild hoch übereinstimmen, während bei dem anderen etwa insbesondere das Selbstbild und Idealselbst-Bild mehr oder weniger stark voneinander abweichen.

Auch an die Ermittlung des «idealen Partners» kann gedacht werden, d. h. man läßt einen Probanden mit dem GT einen potentiellen Ideal-Ehepartner, Ideal-Arbeitskollegen, Ideal-Geschäftspartner usw. beschreiben.

Die Möglichkeiten sind in diesem Bereich der Diagnostik weniger durch die Anwendbarkeit des GT beschränkt, eher jedoch schon durch die Fähigkeiten des Diagnostikers, der bei allzuvielen Daten in seinen kognitiven Möglichkeiten (Klinische Urteilsbildung) überfordert wird. Für die Forschung ergeben sich jedoch im Bereich der Analyse von Zwei-Personen-Beziehungen durch den GT ausgezeichnete Möglichkeiten. So können z. B. schichtabhängige Ehepaarstrukturen analysiert werden, wobei die sozialen und ökonomischen Faktoren mit psychologischen Merkmalen in Beziehung zu setzen sind.

Ein anderer Anwendungsbereich ist die Analyse von Arzt-Patient-Beziehungen in verschiedenen Krankenhäusern bei stationären und ambulanten Patienten, in der Praxis bei Ärzten verschiedener Fachrichtungen und insbesondere bei Psychotherapeuten (Übertragung – Gegenübertragung). Auch hier können in Abhängigkeit von sozialen und ökonomischen Variablen die psychologischen Faktoren wertvolle Aufschlüsse ergeben, die sich auf Einzelfälle beziehen oder auch auf die Mannigfaltigkeit der Probleme, die auf die Medizin durch Krankenhausreformen, Sozialgesetzgebung u. a. m. zukommen. Auch hier eröffnet der leicht praktikable GT eine Reihe von Möglichkeiten für Forschungsansätze, die von erheblicher potentieller sozialer Bedeutung sind.

Bei wiederholten Anwendungen des GT im Verlauf von Therapien kann z. B. gezeigt werden, daß sich die Arzt-Patient-Beziehung ändert. So kann sich das Selbstbild des Patienten bei Psychotherapien mehr an das Fremdbild (Urteil des Arztes) angleichen oder auch umgekehrt, je nach den möglichen verschiedenen Übertragungs-Gegenübertragungsmustern. Insbesondere das Urteil des Patienten über den Arzt ist von besonderer Bedeutung, da es die Erwartungen und Einstellungen enthält, die durch allgemeine soziale und sozialpsychologische Faktoren bestimmt werden. Auch hier können sich im Verlauf von Therapien (nicht nur Psychotherapien) Veränderungen ergeben, die Aspekte von therapeutischen und auch anderen Prozessen abbilden, die

z. B. in Zusammenhang mit persönlichen, aber auch institutionellen Faktoren stehen.

Der Spezialfall der Analyse von Arzt-Patient-Beziehungen bei psychoanalytisch vorgebildeten Ärzten und Psychologen gegenüber Neurotikern wurde gut untersucht. Interessant ist, daß nach umfangreicheren Erhebungen das Selbst- und Fremdbild (Urteil des Arztes) des Patienten nach einstündigen Interviews nicht signifikant korrelieren, die Fremdbilder verschiedener Psychotherapeuten über denselben Patienten jedoch signifikant korrelieren (BECKMANN u. RICHTER, HEISING u. BECKMANN). Hieraus ergibt sich u. a., daß das Urteil des Arztes über den Patienten Informationen enthält, die durch die Selbstbilder der Patienten nicht erfaßt werden. Es läßt sich jedoch auch zeigen, daß das Fremdbild vom Patienten auch Informationen über den Arzt enthält (Gegenübertragung), die in Zusammenhang mit Dauer der Ausbildung und Persönlichkeitsmerkmalen der Psychotherapeuten stehen.

Generell fand sich bei Mittelwertsvergleichen der Selbst- und Fremdbilder der Patienten, daß Patienten in ihren Selbstbildern, gemessen an den Urteilen der Ärzte, ihre Zwanghaftigkeit «unterschätzen» (Skala 3: ca. 6 T-Einheiten) und das Ausmaß ihrer depressiven Gefühle «überschätzen» (Skala 4: ca. 10 T-Einheiten). Bei den übrigen Skalen stimmen Selbst- und Fremdbild des Patienten in den Mittelwerten gut überein. Auch aus anderen, hier nicht näher anzuführenden Erhebungen ergibt sich, daß bei Partnerbeziehungen Selbst- und Fremdbild in ihren Mittelwerten (und auch Streuungen) mit Ausnahme von Skala 3 und 4 relativ gut übereinstimmen.

Bei der Analyse der Übertragungs-Gegenübertragungsreaktionen in der Arzt-Patient-Beziehung erhält man durch die Erhebung des Arzturteils über den Patienten zusätzliche Information, die diagnostisch genutzt werden kann, wenn der Arzt bereit und fähig ist, seine Gegenübertragungen in den Prozeß der klinischen Urteilsbildung einzubringen. Ist der Arzt oder Psychologe in dieser Hinsicht gut geschult, wird er auch die Analyse seines eigenen Urteils im Vergleich zum Selbstbild des Patienten kritisch für die Diagnostik verwenden, wie aus den Fallbeispielen in Kap. 6.2 deutlich wird.

5.3212 Erweitertes Sozioprogramm

Zunehmend mehr richtet sich die Aufmerksamkeit der psychologischen Wissenschaften auf die Abhängigkeit des Verhaltens Einzelner von Gruppenzugehörigkeiten. Hierdurch werden auch Verfahren zur Analyse von Gruppenstrukturen mehr und mehr bedeutungsvoll. Der GT eignet sich für derartige Analysen bei offenen und geschlossenen Gruppen in den verschiedensten Bereichen, wie z. B. für Familien, Arbeitsteams, therapeutische Gruppen, Selbsterfahrungsgruppen und Freizeitgruppen.

Je nach Anzahl der Gruppenmitglieder bieten sich verschiedene Formen der Erhebung und Testauswertung an. Bei Kleingruppen ist die vollständige Analyse aller Selbst- und gegenseitigen Fremdbilder möglich. Steigt jedoch die Mitgliederzahl einer Gruppe auf mehr als zwölf bis fünfzehn Mitglieder, bekommt man sehr schnell eine wachsende Anzahl von Fremdbildern, die auch mit aufwendigen Verfahren der elektronischen Datenauswertung nicht

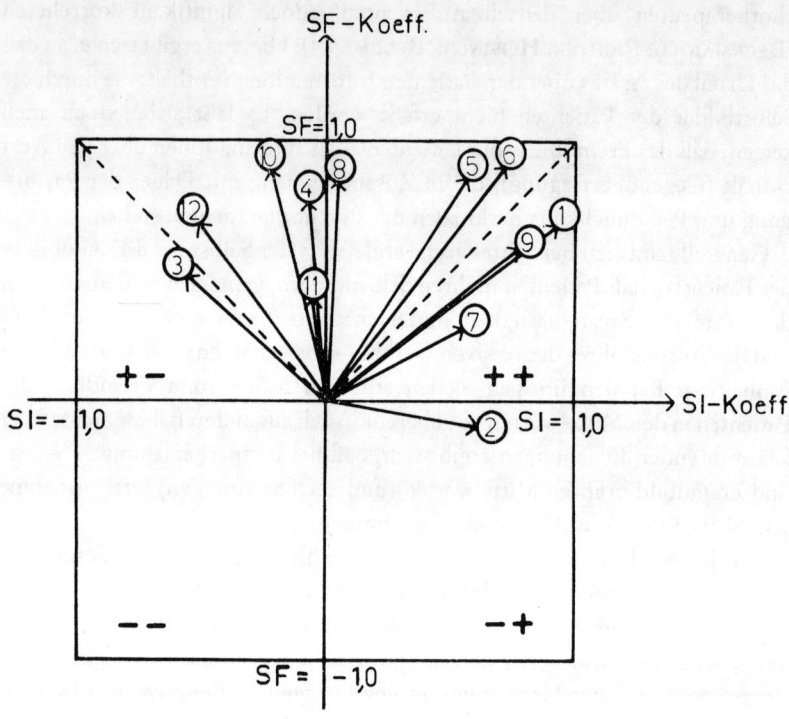

Fig. 3: Selbstbild-Fremdbild-Konkordanz (SF) und Selbstbild-Idealselbst-Bild-Konkordanz (SI) bei 12 Mitgliedern einer gruppe (Mitarbeiter der psychosomatischen Universitätsklinik Gießen)

$$SF = \frac{\Sigma\, z_S\, z_F}{\sqrt{\Sigma\, z_S^{\,2}}\ \sqrt{\Sigma\, z_F^{\,2}}}$$

$$SI = \frac{\Sigma\, z_S\, z_I}{\sqrt{\Sigma\, z_S^{\,2}}\ \sqrt{\Sigma\, z_I^{\,2}}}$$

$$z = \frac{x - \mu}{\sigma}$$

x = Rohwert pro Skala
μ = Standardmittel
σ = Standardstreuung pro Skala

k = 6 Standardskalen

mehr genügend überschaubar gemacht werden können. In der Regel kann man davon ausgehen, daß zumindest in geschlossenen Gruppen jedes Mitglied ein Gruppen-Fremdbild hat. Die Fremdbeurteilungen über das einzelne Mitglied korrelieren positiv, so daß sie gemittelt werden können. Hierdurch erhält man eine übersichtliche Anzahl von Daten für jedes Gruppenmitglied. Werden die einzelnen Fremdbilder in dieser Weise pro Gruppenmitglied zusammengefaßt, kann man prinzipiell Gruppen beliebiger Größe untersuchen.

Wird pro Gruppenmitglied in dieser Weise Fremdbild, Selbstbild und Idealselbst-Bild erhoben, kann man die Profile über alle 40 Items oder auch übersichtlicher über die sechs Standardskalen auf Konkordanzen untersuchen. Hierbei ist es empfehlenswert, von den standardisierten Werten auszugehen und die absoluten Normabweichungen pro Mitglied als Rohdaten zu verwenden, nicht allein die Abweichungen vom Gruppenmittel.

Die Selbstbild-Fremdbild-Konkordanz über die sechs GT-Skalen, gemessen in Distanzeinheiten, gibt Hinweise auf Aspekte der Rolle eines Gruppenmitgliedes. Je höher die Konkordanz ist, um so klarer ist die Rolle dieses Mitgliedes in der Gruppe definiert. Eine genauere Analyse der Art der Selbst-Fremdbild-Distanzen über die verschiedenen Skalen erfaßt mögliche Diskrepanzen zwischen Erwartungen der Gruppe und Selbstverständnis des einzelnen Mitglieds. Negative Beziehungen (polare Anordnungen auf den Skalen) weisen auf starke Diskrepanzen zwischen Selbst- und Fremdverständnis in der Gruppe hin. Sie kommen bei geschlossenen Gruppen selten vor.

Erhebt man bei Gruppenuntersuchungen Selbstbild, Fremdbild und Idealselbst-Bild, so findet man im Durchschnitt geringere Konkordanzen zwischen Idealselbst-Bild und Selbstbild als zwischen Selbstbild und Fremdbild. Negative Beziehungen zwischen Selbstbild und Idealselbst-Bild kommen nicht allzu selten vor. Die Darstellung beider Konkordanzmaße (Selbstbild-Fremdbild und Selbstbild-Idealselbst-Bild) in einem zweidimensionalen Schema kann deutlich machen, daß z. B. einige Gruppenmitglieder hohe Übereinstimmungen aller drei Variablen, Selbst-, Fremd- und Idealselbst-Bild aufweisen, andere Gruppenmitglieder dagegen allein hohe Selbst-Fremdbild- oder auch hohe Selbst-Idealselbst-Bild-Übereinstimmungen zeigen (vgl. Fig. 3). Allgemeine Interpretationshinweise sind hier nicht möglich, da je nach Befund erst die Analyse der mehrdimensionalen Strukturen inhaltliche Aufschlüsse ergeben kann, über welche Bereiche der GT-Skalen sich Konkordanzen oder Diskordanzen bei den einzelnen Mitgliedern ergeben (vgl. BECKMANN, 1972).

Bei kleinen Gruppen ist auch eine vollständige Analyse aller Fremdbilder möglich. Hier sind Q-Analysen über die standardisierten Itemprofile möglich, indem alle Selbstbilder mit allen Fremdbildern korreliert werden. Es ergeben sich hierdurch differenzierte Soziogramme der Gruppe, indem z. B. zwei Gruppenmitglieder sich gegenseitig und sich selbst konkordant beurteilen und dadurch einen eigenen Q-Faktor aufmachen, während die übrigen Fremdbildern dieser beiden Mitglieder sich über mehrere Faktoren verteilen. Es kann sich auch zeigen, daß ein bestimmtes Mitglied von einem Teil der Gruppe konkordant in einer bestimmten Weise beurteilt wird und von dem anderen Teil völlig anders. Derartige Analysen wurden im Arbeitsteam der Psychosomatischen Universitätsklinik Gießen mit interessanten Resultaten durchgeführt.

Es wird deutlich, daß Gruppenanalysen nur z. T. mit einfachen Mitteln durchführbar sind. Ohne allzu großen technischen Aufwand lassen sich jedoch mit Hilfe der GT-Profilblätter pro Gruppenmitglied die Konkordanzen der Selbst-, Fremd- und Idealselbst-Bilder anschaulich machen. Auch die Mittelwertsprofile dieser drei Variablen über alle Gruppenmitglieder geben wertvolle Aufschlüsse über die Gesamtgruppe.

Differenzierte Aussagen werden indessen erst durch die rechnerische Ermittlung von Distanzwerten möglich, die sich relativ leicht mit einfachen Rechenmaschinen erstellen lassen. Die Interpretationen der Konkordanzen und Diskordanzen pro Gruppenmitglied fußen dann auf einer solideren Basis.

Vollständige Analysen, bei denen alle einzelnen Fremdbeurteilungen pro Gruppenmitglied in die Untersuchung einbezogen werden, erfordern den Einsatz elektronischer Rechenanlagen. Der Benutzer von Standardprogrammen, wie z. B. von Faktorenanalysen, sollte jedoch ein gewisses Maß an Kenntnissen mathematisch-statistischer Verfahren mitbringen, um schwerwiegende Irrtümer bei der Interpretation der Daten auszuschließen. Andererseits gehören heute die multivariaten statistischen Verfahren zu jeder Programmbibliothek, so daß der Benutzer keine speziellen Kenntnisse in Programmsprachen mehr mitzubringen braucht.

Für Forschungszwecke sind diese Forderungen bei GT-Gruppenanalysen selbstverständlich. Es ist jedoch zu erwarten, daß sich auch für diagnostische Zwecke die Scheu vor elektronischer Datenauswertung allmählich verlieren wird, sobald die Vorurteile in diesem Bereich abgeklungen sein werden und sich Computer als hilfreiche Handwerkzeuge für die Praxis durchgesetzt haben.

5.3213 Analyse der Beziehungen von Partnergruppen

In Kap. 6.15 wird als Beispiel ein Ansatz zu der Analyse von Beziehungen bestimmter Gruppen untereinander dargestellt. Mit dem GT können z. B. in einem Krankenhaus die Beziehungen zwischen den verschiedenen sozialen Gruppen analysiert werden, wie etwa zwischen Ärzten und Pflegekräften, Ärzten und Patienten, Pflegepersonal und Patienten, Laborpersonal und Pflegekräften usw. Hier beschreibt jede Gruppe ihre Partnergruppe, verdichtet zu einer repräsentativen Gestalt, einmal so, wie sie diese real erlebt, zum anderen, wie sie sich diese wünscht. Bei diesem Vorgehen werden dann die Mittelwertsprofile der Berufsgruppen miteinander verglichen. Es lassen sich hierdurch die Verhältnisse von Bedürfnissen und Angeboten zwischen den in einer Institution zusammenarbeitenden Partnergruppen analysieren. Durch dieses Vorgehen wird eine Institutionsberatung über die GT-Analysen wertvolle Hinweise auf unausgesprochene oder auch unbewußte Konflikte erhalten.

Ansätze zur Analyse von Partnergruppen wurden von MOELLER und SCHEER mit dem GT und anderen speziell entworfenen Instrumenten an Hochschulen durchgeführt.

5.322 Analyse der Mittelwertsprofile von Kollektiven

Wesentlich einfacher ist die Analyse typischer Gruppenmerkmale aufgrund von Mittelwertsprofilen. Hier wird nicht nach der Beziehung zwischen verschiedenen Teilen, sondern nur nach dem Mittelwertsprofil eines Kollektivs oder von Untergruppen eines Gesamtkollektivs gefragt.

In der Regel ergeben sich auch bei zunächst homogen erscheinenden Klassen von Individuen, wie z.B. bei neurotisch Kranken mit definierten Beschwerdebildern (vgl. Kap. 6.13: Ulcus-Kranke), über Faktorenanalysen von Testprofilen typische Untergruppen. Ein anschauliches Beispiel hierzu ist die Analyse der klinisch zunächst recht homogen erscheinenden Herzneurotiker (vgl. RICHTER u. BECKMANN, 1969), bei denen im MMPI über Q-Faktorenanalysen zwei in bestimmten Bereichen sich komplementär verhaltende Patientenkollektive nachgewiesen wurden. Die Ermittlung von Profilen bei bestimmten Klassen von Individuen ist immer problematisch, wenn nicht zunächst die Homogenität der Merkmalsstrukturen innerhalb der Klassen analysiert wird. Sehr häufig werden Mittelwerte über heterogene Bereiche gebildet, wodurch gerade die charakteristischen Merkmale verwischt werden. Die Literatur über MMPI-Profile klinischer Gruppen ist ein Beispiel dazu. Zur Veranschaulichung sei lediglich darauf hingewiesen, daß z.B. bei Post-Infarktpatienten nur ein geringer Prozentsatz von Patienten mit völlig abweichenden Profilen genügt, um das Gruppenprofil stark zu verzerren. Reagieren z.B. fünf bis zehn Prozent der Patienten auf das Infarkterlebnis mehr oder weniger stark angstneurotisch (BOCKEL), weil sie schon von vornherein Dispositionen zu einer Angstneurose mitbringen, so weist das Profil des gesamten Kollektivs fälschlicherweise Tendenzen in dieser Richtung auf. Richtig wäre es jedoch, wenn das Gesamtkollektiv zunächst auf Homogenität untersucht werden würde, weil, wie in unserem Beispiel, ein Patient gleichzeitig an zwei verschiedenen Krankheiten leiden kann. Auch statistisch ist dieses Vorgehen korrekter, da die Bildung von Mittelwerten über Stichproben verschiedener Populationen ohne varianzanalytischen Versuchsplan nicht zu begründen ist. Das Modell der Varianzanalyse veranschaulicht jedoch auch, daß der Begriff der Homogenität von Kollektiven ein relativer Begriff ist.

Häufig wird auch das Mittelwertsprofil von unausgelesenen Kollektiven interessant sein, weil der Untersucher kein Interesse hat, die Homogenität von Kollektiven durch die Ausschaltung einzelner Variationsquellen zu erhöhen. Schließlich ist es nicht möglich, durch die Kontrolle von Quellen der Variation die Homogenität von Kollektiven in beliebigem Ausmaß zu erhöhen. Die relative Homogenität ist abhängig vom jeweiligen Interesse, das der Untersucher bei der Strukturierung von empirischem Material hat. Die Interessenrichtungen bestimmen, welche und wie viele Quellen der Variation kontrolliert und eliminiert werden. In Kap. 6.1 werden eine Reihe von Gruppenprofilen gezeigt, die in diesem Sinne lediglich den Hauptfaktor der Kovarianz innerhalb der untersuchten Kollektive erfassen.

Die Profile über die sechs Standardskalen oder über alle 40 Items werden je nach Zweck mit Standardgruppen oder Vergleichsgruppen über Varianzanalysen oder t-Tests auf bedeutsame Abweichungen geprüft.

So ergibt z. B. eine Tabelle von signifikant von der Norm abweichenden Mittelwerten bei einzelnen Items interessante Aufschlüsse über die generellen psychischen Merkmale des untersuchten Kollektivs und häufig auch über bestimmte Konflikte und Formen von Konfliktverarbeitung.

6. ANWENDUNGSBEISPIELE

6.1 GRUPPENPROFILE

In den folgenden Kapiteln werden verschiedene Anwendungsbeispiele des GT-S, GT-F und der Kombination GT-S/GT-F dargestellt. Die Kapitel beziehen sich z. T. auf Möglichkeiten in der Diagnostik und z. T. auf Möglichkeiten der Anwendung in der Forschung. Aufgrund der vielen Anwendungsformen des GT können nur einzelne Beispiele gebracht werden. Bei der Anwendung des GT-F ist zu beachten, daß die Standardisierung sich ursprünglich auf die Selbstbeurteilungsform (GT-S) bezieht und nur bedingt auf den GT-F übertragbar ist. Bei Gruppenvergleichen kann auf die Standardisierung verzichtet und mit Rohwerten gearbeitet werden. Die Anwendungsbeispiele repräsentieren gleichzeitig verschiedene Aspekte der Gültigkeit des GT.

Die Anwendungsbeispiele zeigen insbesondere die Möglichkeiten, die der GT für die Analyse von Gruppenbeziehungen und für die Diagnostik affektiver Beziehungen von Partnern bietet. Diese Art der Diagnostik verläßt den klassischen diagnostischen Ansatz, der immer auf Individuen und nie auf Beziehungen von Individuen untereinander gerichtet war. Durch diesen Ansatz ergeben sich eine Reihe von testtheoretischen Problemen, die mit der Beziehung von Selbst- und Fremdurteilen in Zusammenhang stehen. Bisher fehlt eine Testtheorie, die sich auf die Diagnostik von Partnerbeziehungen bezieht.

6.11 Neurotiker

Aus der laufenden Dokumentation der Psychosomatischen Klinik Gießen wurde eine Stichprobe (N = 235) von unausgelesenen Neurotikern mit unterschiedlichsten psychischen und somatischen Beschwerden entnommen. Tab. 37 (Anhang) zeigt das Mittelwertsprofil dieser Patienten über alle 40 GT-Items. Für eine heuristische Skala, die global und undifferenziert Selbstwahrnehmungen neurotischer Beeinträchtigungen erfaßt, können die Items mit den höchsten Abweichungen zusammengefaßt werden (8 r, 14 r, 23 l, 25 l, 29 r, 33 l). Patienten einer Psychosomatischen Klinik sagen von sich selbst im Mittel sehr viel häufiger, daß sie sich besonders ängstlich und oft bedrückt fühlen. Sie glauben, daß andere sie eher für minderwertig halten. Sie fühlen sich anderen Menschen sehr fern. Sie neigen zu Selbstvorwürfen und glauben, daß sie ihre Interessen im Leben schlecht durchsetzen können.

Eine Q-Faktorenanalyse von 149 GT-Profilen über alle 40 Items (vgl. Kap. 4.2) zeigt, daß eine Reihe von Profiltypen unterschieden werden kann. Die standardisierten Profile ergeben 10 Faktoren mit mittleren Kommunalitäten von 0,61 (Spannweite 0,30 bis 0,88). Vier der zehn Faktoren zeigen unipolare (Faktor 1, 2, 3 und 4) und sechs pipolare Ladungen (Faktor 5, 6, 7, 8, 9 und 10). Über multiple Korrelationen bei Benutzung der standardisierten Rohwertmatrix und der Faktorenmatrix wurde die Faktorenscorematrix erstellt. Die Faktorenscores wurden daraufhin in Standardwerte der Skalen 1 bis 6 transformiert. Für die pipolaren Faktoren wurde das Standardskalenprofil reflektiert, so daß 16 Profiltypen resultieren, die mindestens 1 % Anteil pro Profil erfassen (vgl. Tab. 38).

Die Profiltypen sollen hier nicht im einzelnen referiert werden. Es zeigt sich jedoch, daß eine Reihe von unterschiedlichen Profilen bei Neurotikern wiederholt zu beobachten ist. Die Profiltypen wurden an anderer Stelle (Beckmann, 1968) ausführlicher dargestellt.

Fig. 4 zeigt das Durchschnittsprofil von unausgelesenen Neurotikern und Fig. 5 den ersten Faktor der Q-Analyse, der 28 % der Varianz erfaßt. Mehr als ein Viertel der Patienten zeigt diesen Profiltyp mehr oder weniger ausgeprägt. Neurotiker zeigen im Durchschnitt die auffälligsten Abweichungen bei den Skalen 4 und 1. Sie fühlen sich in der Regel depressiv verstimmt und glauben, daß sie wenig positive soziale Resonanz haben. Von den sechs Items mit den höchsten Abweichungen überhaupt (s. o.) gehören drei der Skala 4 und zwei der Skala 1 an.

Bei Neurotikern ist der häufigste Profiltyp (vgl. Fig. 5) durch hohe Abweichungen bei Skala 1 (links) und durch relativ hohe bei den Skalen 4,

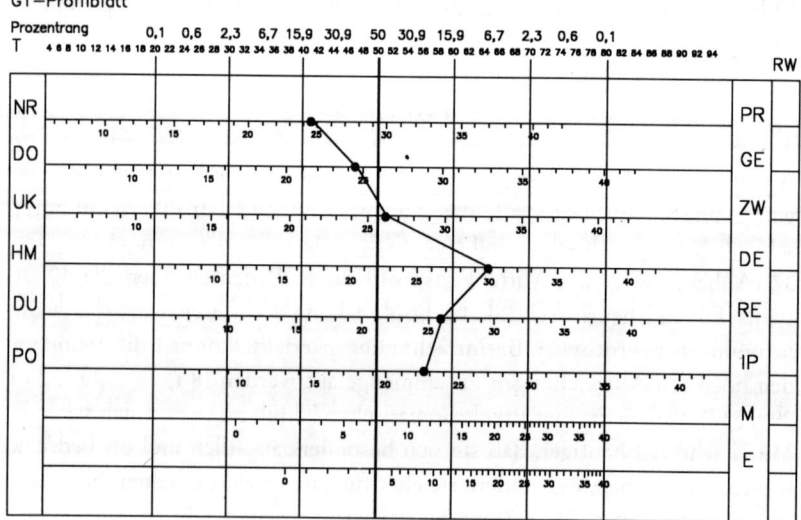

Fig. 4: Mittelwertsprofil von N = 235 Neurotikern verschiedenster Symptomatik.

5 und 6 (rechts) gekennzeichnet. Diese Patienten stellen ihre geringe positive soziale Resonanz in den Vordergrund. Gleichzeitig fühlen sie sich depressiv, mißtrauisch verschlossen und sozial impotent. Weitere Profiltypen, die bei Neurotikern häufiger vorkommen, sind aus Tab. 38 (Anhang) zu entnehmen.

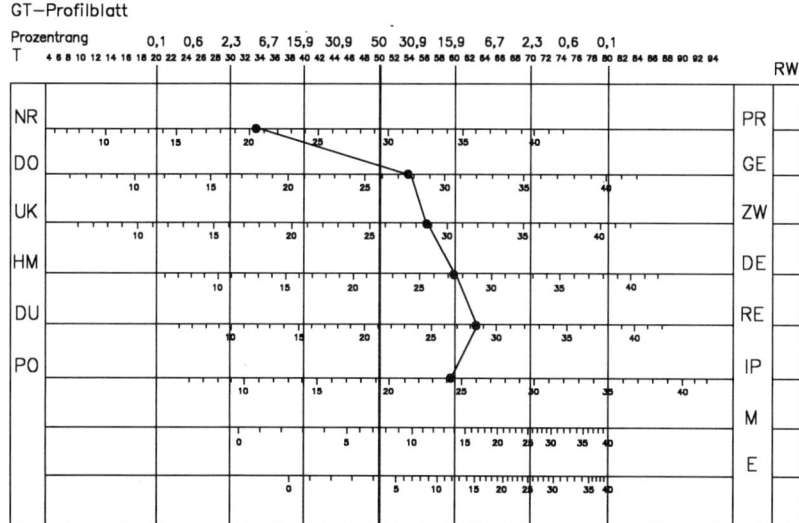

Fig. 5: Häufigstes Profil bei Neurotikern (vgl. Tab. 38, Profil 1).

6.12 Jugendliche Delinquente

In einer Anstalt für straffällig gewordene männliche Jugendliche wurde der GT bei einer Stichprobe von 70 Insassen erhoben[1]. Fig. 6 zeigt das Mittelwertsprofil dieser Jugendlichen. Erwartungsgemäß fand sich die auffälligste Abweichung bei Skala 3 (bei Berücksichtigung der Alters- und Geschlechtsabhängigkeit dieser Skala, vgl. Tab. 15), in Richtung von Merkmalen vermehrter Triebhaftigkeit und Zügen von Verwahrlosung (t = 4,48; p < 0,001)[2]. Auch

---

[1] Anm.: Die Autoren danken Frau Dipl. Psych. E. QUENSEL UND HERRN DR. S. QUENSEL für die Erhebung der Daten.

---

[2] Die Abweichungen beziehen sich auf die Standardisierung 1968.

bei Skala 1 findet sich eine hochsignifikante Abweichung, und zwar eine Verschiebung in Richtung von negativer sozialer Resonanz (t = 3,85; p < 0,001). Signifikant vermehrt zeigen diese Jugendlichen mißtrauisch-paranoide Züge (Skala 5, t = 2,74; p < 0,01) und Tendenzen, sich aggressiv-dominant darzustellen (Skala 2, t = 2,37; p < 0,05).

Tab. 15: Mittelwerte, Streuungen und t-Werte einer Stichprobe von N = 70 jugendlichen Delinquenten.

Skala	Delinquente		t-Wert
	$\bar{x}$	s	
1	27,10	4,54	3,85***
2	25,29	4,93	2,37*
3	22,58	4,95	4,48***
4	22,28	6,48	1,18
5	24,14	5,79	2,74**
6	20,70	4,60	0,81

* p<0,05
** p<0,01
*** p<0,001

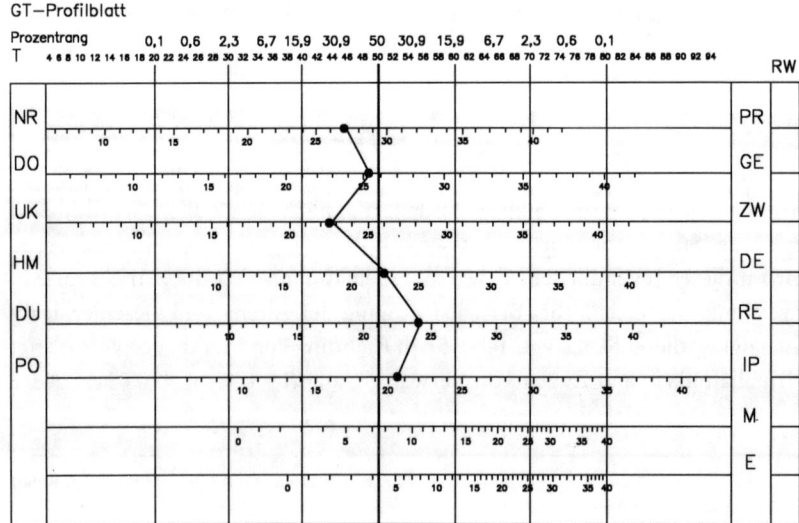

Fig. 6: Mittelwertsprofil von N = 70 jugendlichen Delinquenten.

Dieses Profil bestätigt Aspekte der Gültigkeit des GT durch ein verläßliches Außenkriterium, insbesondere die Validität der Skala 3. Auf eine Diskussion dieser Befunde soll hier nicht näher eingegangen werden. Es sei jedoch nur kurz ein weiteres Ergebnis dieser Untersuchung mitgeteilt. Bei Halbierung der Stichprobe nach jugendlichen Delinquenten unter- und überdurchschnittlicher Intelligenz (gemessen in IQ-Einheiten) zeigt sich, daß zwischen diesen Untergruppen bei den Skalen 3, 1, 5 und 2 keine signifikanten Unterschiede nachweisbar sind ($t = 0,65$, $1,26$, $0,48$ und $0,76$). Die typischen Persönlichkeitsmerkmale der straffällig gewordenen Jugendlichen sind also nicht von der Intelligenz abhängig. Allein bei Skala 6 fand sich erwartungsgemäß ein hochsignifikanter Unterschied: die Intelligenteren schätzen ihre Fähigkeit zu einer potenten Kommunikation mit der sozialen Umwelt höher ein ($t = 3,45$, $p < 0,001$). Dieser Befund entspricht dem Konstruktionskriterium der Skala 6 (vgl. Kap. 4.2).

6.13 Ulcuskranke

Eine Gruppe von 35 Patienten mit Duodenal- oder Magenulcus (86 % Männer, 14 % Frauen) wurde mit dem GT untersucht (vgl. BAYER).

Interessant ist, daß das Profil dieser Gruppe in den Standardskalen nur eine einzige Auffälligkeit ergibt. In der Depressionsskala (4) weichen die Ulcusträger hochsignifikant von der männlichen Vergleichsgruppe der Normstichprobe ($t = 5,08$) ab. Sonst erbringt die Skalenanalyse keine verwertbaren Auffälligkeiten. Dafür erweist es sich durchaus als recht ergiebig, die vollständige Tabelle der signifikant abweichenden Einzelitems zu analysieren. Folgende Items sind bei dieser Ulcusgruppe auffällig[3]:

Tab. 16: Rangfolge der charakteristischen Items bei einer Stichprobe von N = 35 Ulcuspatienten (vgl. Tab. 39, Anhang).

6 l	Ich schätze, daß ich eher dazu neige, meinen Ärger in mich hineinzufressen.
22 l	Ich schätze, ich gerate besonders häufig in Auseinandersetzungen mit anderen Menschen.
7 l	Ich habe den Eindruck, ich bin sehr stark daran interessiert, andere zu übertreffen.
1 l	Ich habe den Eindruck, ich bin eher ungeduldig.
14 r	Ich halte mich oft für sehr bedrückt.
21 r	Ich habe den Eindruck, ich bin eher überordentlich.
29 r	Ich denke, ich mache mir immer Selbstvorwürfe.
4 l	Ich glaube, eine Änderung meiner äußeren Lebensbedingungen würde meine seelische Verfassung sehr stark beeinflussen.

---

[3] Der Vergleich bezieht sich auf die Standardisierung von 1968.

Eine Durchsicht dieser signifikanten Items läßt erkennen, daß die Ulcus-gruppe in der Selbstbeschreibung Merkmale hervorhebt, die in der psychoso-matischen Literatur bereits wiederholt als typisch für Ulcus-Persönlichkeiten angegeben worden sind. Als erstaunlich kann dabei gelten, daß die Ulcusträ-ger offensichtlich fähig sind, von sich aus ihre typische Konfliktstruktur darzustellen, die man gemeinhin als so weitgehend unbewußt angenommen hat, daß sie nur für einen Fremdbeurteiler erschließbar sein sollte.

Die Ulcusträger sehen bei sich besondere Abhängigkeitstendenzen (4 l), die mit einem starken Ehrgeiz (7 l) kontrastieren. Der (für diese Stichprobe) typische Ulcuspatient erlebt sich also in einem Dependenzverhältnis gegen-über den anderen Menschen, die er zugleich übertreffen möchte. Peinliche Korrektheit[4] (21 r) und Vermeidung direkten aggressiven Agierens (61) sollen offensichtlich dazu dienen, die ehrgeizigen Wünsche ohne Einbuße der so dringend benötigten sozialen Geborgenheit zu realisieren. Aber obwohl sich der typische Vertreter der Ulcusgruppe um maximale Aggressionskontrolle bemüht bzw. seine Aggression eher gegen das eigene Ich zu wenden meint (29 r), findet er nicht die stabilisierende äußere Resonanz, der er nicht zu entraten vermag. Im Gegenteil, seine im Rivalitätsehrgeiz latent gebundene Aggression scheint von der Umgebung durchgespürt zu werden und ihm ziemlich häufig Auseinandersetzungen einzutragen (22 l). Da er aber eben selbst wegen seiner oralen Abhängigkeit um keinen Preis aggressiv provozie-rend wirken will, ist ihm leicht zu glauben, daß die häufige Verstrickung in Kontroversen ihm große Pein bereitet. Seine häufig erlebten Zustände von Bedrücktheit (14 r) dürften seine Enttäuschung über die mangelnde Honorie-rung seiner mühsamen Aggressionskontrolle widerspiegeln und zugleich als direkte Folge der nach innen zurückgestauten Aggressivität (6 l, 29 r) lesbar sein.

Man sieht also, daß sich das Konfliktbild des für diese Stichprobe typischen Ulcuskranken relativ leicht durch einfache sinnvolle Zusammenstellung der auffälligen Items herausschälen läßt. Die Übereinstimmung der hier gewon-nenen Befunde mit der diesbezüglichen psychosomatischen Ulcusliteratur scheint dafür zu sprechen, daß der Gießen-Test sich speziell auch für die psychosomatische Persönlichkeits- und Konfliktforschung als geeignet an-bietet.

Es muß noch hinzugefügt werden, daß dieses Profil ein Mittelwertsprofil ist, das lediglich das durchschnittliche Selbstbild der Ulcus-Kranken erfaßt.

---

[4] Die Tendenz zu Überordentlichkeit paßt zu dem Befund (vgl. Tab. 39), daß Magensym-ptome bei Neurotikern leicht positiv mit der Skala 3 r (Überkontrolliertheit) korrelieren.

Faktorenanalytisch läßt sich die Gruppe in Untergruppen mit gut interpretierbaren Profilen aufgliedern (BAYER).

6.14 Nicht-Wähler

1969 wurde im Rahmen der ersten Standardisierungserhebung den Probanden der Stichprobe (im Anschluß an die Vorlage des GT) die Frage präsentiert, ob sie wählen würden und ggf. welche Partei, sofern am kommenden Sonntag Bundestagswahlen stattfinden würden. Eine Gruppe von 44 Befragten (10 % der über 21jährigen erklärte: «Ich würde nicht wählen»). Diese Gruppe zeigt in ihren Mittelwerten bei 15 Items Normabweichungen. Nach Grad der signifikanten Abweichungen geordnet ergibt sich folgende Liste[5]:

Tab. 17: Rangfolge der charakteristischen Items bei einer Stichprobe von N = 44 Nicht-Wählern.

27 l	Ich glaube, ich lege kaum Wert darauf, schön auszusehen (Skala 1 l).
37 l	Ich habe den Eindruck, ich habe es sehr schwer, auf andere anziehend zu wirken (Skala 1 l).
6 l	Ich schätze, daß ich eher dazu neige, meinen Ärger in mich hineinzufressen (Skala 4 r).
13 r	Ich glaube, ich kann im Vergleich zu anderen eher schlecht mit Geld umgehen (Skala 3 l).
5 r	Ich habe den Eindruck, daß ich mir eher besonders häufig über meine inneren Probleme Gedanken mache (Skala 4 r).
7 r	Ich habe den Eindruck, ich bin kaum daran interessiert, andere zu übertreffen (Skala 6 r).
8 l	Ich halte mich für sehr wenig ängstlich (Skala 4 l).
9 r	Ich habe den Eindruck, daß andere mit meiner Arbeitsleistung eher unzufrieden sind (Skala 1 l).
14 r	Ich halte mich oft für sehr bedrückt (Skala 4 r).
16 l	Ich schätze, es gelingt mir eher schwer, mich beliebt zu machen (Skala 1 l).
23 l	Ich glaube, ich bin eher darauf eingestellt, daß man mich für minderwertig hält (Skala 1 l).
24 r	Ich habe den Eindruck, ich schaffe mir im Leben eher Bequemlichkeit (Skala 3 l).
28 l	Ich habe den Eindruck, es fällt mir eher schwer, mit anderen eng zusammenzuarbeiten (Skala 2 l).
33 l	Ich habe den Eindruck, es gelingt mir eher schlecht, meine Interessen im Lebenskampf durchzusetzen (Skala 1 l).
39 l	Ich glaube, ich kann sehr schwer ausgelassen sein (Skala 3 r).

[5] Der Vergleich bezieht sich auf die Standardisierung 1968.

Es ist der relativ seltene Fall gegeben, daß alle mit einer der Standardskalen korrelierenden Items gleichzeitig auffällig sind. Der typische Nicht-Wähler bringt alle Items der Skala 1 l (negative soziale Resonanz): nicht um schönes Aussehen bemüht, unattraktiv, unbeliebt, minderwertig befunden, in der Arbeit ohne Anklang, nicht durchsetzungsfähig. Hinzu treten weitere negative Selbstaussagen: der Nicht-Wähler glaubt, schlecht mit Geld umzugehen (13 r), nicht leicht mit anderen eng zusammenarbeiten zu können (28 l), obwohl er an sich nicht zum Konkurrieren neige (7 r) und kaum etwas von Aggressionen nach außen durchlasse (6 l). Neben der Neigung, Ärger in sich hineinzufressen (6 l), finden sich aus der Depressionsskala (4 r) noch die Items «häufiges Grübeln über innere Probleme» (5 r) und «häufige Bedrücktheit» (14 r). Bemerkenswert ist allerdings, daß polarisiert zu diesen drei Items aus der gleichen Skala 4 das Item 8 l erscheint (sehr wenig ängstlich). Die Depressivität des typischen Nicht-Wählers ist also weniger durch bewußte furchtsame Gehemmtheit charakterisiert, als durch eine matte Resignation mit einer gewissen düsteren Indolenz. Die ausgesagte Angstfreiheit erscheint in diesem Zusammenhang lesbar als eine Art von «Wurstigkeit», als Reaktion auf ein komplettes soziales Scheitern (siehe Skala 1 links).

Die resignative Grundstimmung ist im GT so eindeutig belegt, daß sich der Schluß aufdrängt: Das mangelnde Wahlinteresse dieser Gruppe müsse zu einem wesentlichen Teil daher rühren, daß sie gar keine Chance für eine positive soziale Selbstentfaltung mehr sieht. Welche Wahlentscheidung man auch immer treffen würde, sie wäre für die eigene unglückliche Verfassung doch belanglos. Dabei spielt offenbar die Unfähigkeit zum Protest mit (6 l, 24 r, 33 l), der sonst aus der Situation sozialer Frustrationen heraus immerhin zur Stimmabgabe für oppositionelle Parteien zu motivieren vermag.

Dieses Beispiel soll hier nicht etwa so etwas wie eine volle Analyse der Nicht-Wähler-Gruppe darstellen. Natürlich müßte sich zur feineren Aufschlüsselung der Determinanten eine Berücksichtigung von Alter, Geschlecht, Sozialstatus anschließen. Man müßte das Selbstbild der Nicht-Wähler in Beziehung zu ihren realen sozialen Verhältnissen setzen, um die Interaktion von Persönlichkeitsvariablen und sozialen Variablen genauer einschätzen zu können. Hier geht es nur darum darzutun, daß der GT grundsätzlich geeignet erscheint, in der empirischen Sozialforschung bis hin zur politischen Psychologie angewandt zu werden[6].

---

[6] Eine der Nicht-Wähler-Analyse vergleichbare Untersuchung haben wir an Republikaner-Anhängern vorgenommen (siehe SPIEGEL, 44, 1989, S. 292).

6.15 Verschiedene Gruppen

Es ist in diesem Rahmen nicht möglich, alle vorliegenden GT -Gruppenanalysen zu referieren. Aus diesem Grund werden hier kurz einige Untersuchungsergebnisse mitgeteilt, die als weitere Anregungen zur Anwendung des GT gedacht sind.

1968 wurde in Gießen von der Psychosomatischen Klinik eine repräsentative Stichprobe von Studenten (N = 162) erhoben. Eine zweite repräsentative Erhebung an Studenten fand 1969 in Frankfurt statt. Gleichzeitig wurde eine Reihe von Kontrollgruppen erhoben, wie z. B. eine repräsentative Stichprobe Gießener Abiturienten (N = 191). Auf diese umfangreichen Untersuchungen soll hier nicht eingegangen werden. Das Material ist in einer Monographie gesammelt erschienen (BECKMANN und RICHTER, 1979). Aus diesen Untersuchungen soll hier jedoch das GT-Profil der Gießener Studenten als weiteres Beispiel der Anwendung des Fragebogens im nichtklinischen Bereich dargestellt werden. Es handelt sich um eine Analyse, die auf der Information des gesamten GT-Profils über alle vierzig Items beruht. Die im folgenden beschriebenen Befunde dürfen nicht ohne weiteres verallgemeinert werden, da sich innerhalb der Fakultäten z. T. erhebliche Unterschiede finden, aus denen deutlich wird, daß die allgemeinen Merkmale der Studenten im Vergleich zu den Abiturienten und gleichaltrigen Nichtstudierenden ein mittleres Verhalten des Studenten darstellen. Zwischen den Studenten verschiedener Fakultäten finden sich prägnante Unterschiede (BECKMANN, MOELLER, RICHTER und SCHEER). Die Kontrollgruppe der Nichtstudierenden ist eine alters- und geschlechtsparallelisierte Stichprobe von 51 Befragten aus der Standardisierungsstichprobe von 1968.

Aus Tab. 41 (Anhang) ergibt sich, daß die Studenten im Vergleich zu Nichtstudierenden mit ihrer Lebenssituation unzufriedener sind. Sie fühlen sich häufiger bedrückt (14 r), machen sich häufiger Selbstvorwürfe (29 r) und Gedanken über innere Probleme (5 r). Sie fühlen sich abhängig (4 l). Alle diese Items gehören zu Skala 4. Die Studenten leiden im Vergleich zu Nichtstudierenden an einer depressiven Grundstimmung.

Man könnte meinen, daß diese depressiven Gefühle mit der spezifischen studentischen Situation zusammenhängen, denn die bedeutsame Abweichung ergibt sich bei Item Nr. 9 (r). Die Studenten sagen von sich, daß andere mit ihrer Arbeitsleistung unzufrieden seien. Auch könnten sie ihre Interessen im Lebenskampf schlecht durchsetzen (33 l). Sie fühlten sich anderen fern (25 l) und könnten schlecht mit anderen eng zusammenarbeiten (28 l).

Einerseits ergeben sich jedoch in bezug auf diese Selbsteinschätzungen von Beginn zu Ende des Studiums nur unwesentliche Änderungen (vgl. Tab. 41,

Anhang), und andererseits lassen sich auch typische studentische Merkmale nachweisen, die mit verstärkten Gefühlen von Potenz zusammenhängen (34 l, 7 l).

Aus der oben erwähnten Vergleichsgruppe der Abiturienten (mit dem Wunsch zu studieren, N = 174) wird jedoch deutlich, daß die Schüler und Studenten bei den charakteristischen Items nur unwesentlich voneinander abweichen. Die scheinbar typisch studentischen Merkmale sind also schon vor dem Studium bei den Abiturienten nachweisbar. Das relativ negativ getönte Selbstbild der Studenten im GT kann hiernach nicht eine Folge der studentischen Situation sein, eine Folge von Faktoren, die mit der Universität zusammenhängen. Schon der Schüler fühlt sich im selben Maße kontaktgestört und in seiner Grundstimmung beeinträchtigt.

Im folgenden wird als Beispiel eine Analyse einer weiteren Problemgruppe kurz dargestellt. Es ist viel darüber geschrieben worden, wie der Mangel an Schwestern in Kliniken behoben werden könnte. Es gibt zuwenig Interessierte für diesen Beruf und zuviele, die die Ausbildung abbrechen. In unserem Zusammenhang interessiert hier nicht dieses Problem selbst, sondern die Möglichkeiten, wie mit entsprechenden GT-Erhebungen mehr über die beteiligten psychischen Faktoren bei derartigen Problemen in Erfahrung gebracht werden kann. Der GT-F ist abgesehen von geringen, rein formalen sprachlichen Unterschieden mit dem GT-S identisch. Mit dem GT-F kann das ideale Berufsbild von den Beteiligten selbst, aber auch von Beziehungsgruppen (wie z. B. von den Patienten der Klinik oder den Ärzten) erhoben werden. Über derartige Analysen ergeben sich wertvolle Aufschlüsse über Konflikte zwischen Gruppen innerhalb einer Institution. So sind die Beziehungsgruppen der Studenten die Assistenten und Hochschullehrer, die mituntersucht werden müßten, wenn unausgetragene Konflikte der Studenten an der Hochschule nachgewiesen werden sollen (s. o.). Auch die im folgenden dargestellte Analyse zeigt lediglich Möglichkeiten, sie ist jedoch keineswegs erschöpfend.

Die Daten entstammen einem unveröffentlichten Manuskript (J. W. SCHEER, 1969). Es wurden bei insgesamt 66 Schwesternschülerinnen GT-Selbstbilder erhoben. Die Schülerinnen stellen sich hiernach (vgl. Fig. 7) als ängstlich-depressive, eher selbstunsichere Menschen mit Schuldgefühlen dar, betonen aber gleichzeitig ihren Hang, sich aktiv und etwas eigensinnig durchzusetzen bei wenig Neigung zu zwanghafter Ordnungsliebe.

Nach Durchführung des GT-S wurden die Schwesternschülerinnen aufgefordert, die «ideale Schwester» mit dem GT-F zu beschreiben, also ihr ideales Berufsbild. Es zeigt sich (vgl. Fig. 7), daß die Schwesternschülerinnen sich die ideale Schwester polar zu ihrem Selbstbild vorstellen. Die ideale Schwester

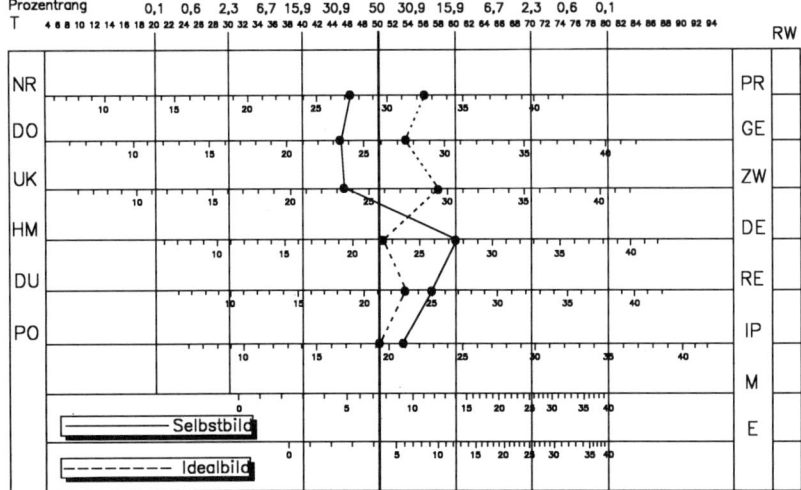

GT—Profilblatt

Fig. 7: Mittelwertsprofile von Selbstbild und Stereotyp der idealen Schwester bei N = 66 Schwesternschülerinnen
———— Selbstbild der Schwesternschülerinnen
————— ideale Schwester

sollte nach ihren Meinungen kontaktfreudig, selbstsicher und attraktiv sein, allerdings mit leichten Zwangszügen und passiv-anpassungsbereiter im Vergleich zum Selbstbild. Hierin sind evtl. Züge des sozial Erwünschten erhalten (vgl. Kap. 4.24), aber sicher auch spezifische Idealvorstellungen, die zu diesem Berufsbild gehören.

Bei einer systematischen Anwendung dieser hier beispielhaft illustrierten Technik und einer Erweiterung um das persönliche Idealbild können Zusammenhänge zwischen idealen Berufsbildern, idealem und realem Selbstbild diagnostisch und eventuell auch prognostisch bei Eignungsauslesen genutzt werden.

6.2 EINZELPROFILE

In diesem Kapitel werden beispielhaft Analysen über alle 40 GT-Items bei drei Patienten der Psychosomatischen Universitätsklinik Gießen dargestellt. In Kap. 5.23 wurde beschrieben, daß in der Individualdiagnostik derartige Analysen sehr ergiebig sind, andererseits aber einige klinische Erfahrung voraussetzen. Der Testleiter sollte theoretische Kenntnisse mitbringen und

73

auch den Umgang mit Tests gewohnt sein, da der GT sicher schwerer interpretierbar ist als z. B. der MMPI. Die Interpretation von GT-Profilen setzt jedoch andererseits nicht soviel Testerfahrung voraus, wie sie z. B. bei Durchführung und Interpretation des RORSCHACH nötig ist.

Der Interpretation der Testprofile liegen generell Abweichungen zugrunde, bei denen die Patienten 3 links bzw. rechts und auch (mit entsprechender Vorsicht) 2 links bzw. rechts angekreuzt haben (vgl. hierzu Kap. 5.23).

6.21 Patient 1: 32 Jahre, männlich

Der Patient schildert sich als einen Menschen, der seine Umgebung zu imponieren glaubt. Man halte ihn für stark (36) und wertvoll (23). Er dominiere gern (3), sagt er von sich selbst, und er könne seine Interessen auch gut durchsetzen (33).

Der Bereich, in dem er sehr gut zu funktionieren glaubt, ist die Arbeit und der ökonomische Sektor. Er sei fleißig (24), sehr ordentlich (21), haushälterisch (13) und ernte hochgradige Anerkennung für seine Arbeitsleistung (9). Obwohl er anscheinend leitende Positionen sucht (3) und sich eher als leicht reizbar und dynamisch beschreibt (1, 19), scheint er Konflikten im Berufsbereich relativ geschickt entgehen zu können. Seine behauptete Fähigkeit, leicht mit anderen eng zusammenarbeiten zu können (28), wird sicher durch seine Tendenz gefördert, Auseinandersetzungen zu meiden und Ärger eher zu schlucken als abzureagieren (6).

Bemerkenswert ist, daß er sich in 2 Items der Skala 5 scheinbar widersprüchlich beschreibt. Er sagt nämlich einerseits, daß er leicht aus sich herausgehe (19 l), behauptet aber andererseits, daß er nur sehr wenig von seinen Liebesbedürfnissen ausdrücke (11 r). Entsprechend Skala 5 würde die erste Aussage (19 l) für Durchlässigkeit, die zweite Aussage (11 r) umgekehrt für Retentivität sprechen. Es ist daher notwendig, beide Statements mit anderen Items in Beziehung zu setzen, um die Interferenz besser verstehen zu können. Zu 19 l fügt sich eigentlich nur eine einzige weitere Angabe, nämlich 1 l = Ungeduld. Man kann sich also in Verbindung mit 19 l vorstellen, daß der Patient relativ leicht bei Spannung dranghaft und impulsiv zu reagieren meint. Andererseits passen zu 11 r (wenig von Liebesbedürfnissen zeigen) eine Reihe von auffälligen Items, die für eine starke Zurückhaltung libidinöser und aggressiver Regungen sprechen: Der Patient erklärt von sich, daß er nur wenig Liebe schenken könne (30), daß er auch nur wenig in der Liebe erlebnisfähig sei (34), und daß er Ärger eher in sich hineinzufressen pflege (6). Merkmale genereller Kontaktscheu treten hinzu, so die Behauptungen, Geselligkeit zu scheuen (2), engen Anschluß an einen anderen Menschen zu vermeiden (12) und sehr befangen gegenüber dem anderen Geschlecht zu sein (40). Nur in einem Bereich traut sich der Patient eine gute Kontaktfähigkeit zu, nämlich in der Arbeit (28). Das führt zu der Annahme, daß er wenigstens in dem vergleichsweise neutralen Berufsbereich im Sinne von 19 l leicht aus sich herausgehen kann und sich dabei als erfolgreich erlebt: So glaubt er, wie gesagt, daß andere mit seiner Arbeit besonders zufrieden seien (9). Hier erlaubt ihm vermutlich seine Tüchtigkeit (24), d. h. großer Müheaufwand, aus einer Position «aus sich herauszugehen», in der er unangefochten dominieren kann. Denn nach 3 (andere lieber lenken, als gelenkt zu werden) ergibt sich die Ausnahme, daß er nur in einer solchen aktiven, die Situation kontrollierenden Rolle sein ungeduldiges impulsives Temperament einigermaßen entfalten kann, während er – wenn man seinem Selbstbild folgt – keineswegs aus einer passiven Rolle heraus emotionelle Regungen zu zeigen wagt. Er hat anscheinend panische Angst davor, sich an andere auszuliefern, und zeigt ihnen deshalb lieber gar nicht erst von seinen inneren Gefühlen, er macht sogar augenscheinlich im privaten Bereich präventiv um die anderen einen Bogen.

Insgesamt läßt sich annehmen, daß die phallisch-narzißtische Überkompensationshaltung mit einem starken Verdrängungsdruck verbunden ist.

Es stellt sich heraus, daß es sich um einen sehr impulsiven Generalvertreter handelt, der einen ausgeprägten Rededrang hat, den er isoliert in der geschäftlichen Sphäre entfaltet, hier offenbar mit sehr großem Geschick, denn er hat außerordentliche Verkaufserfolge. Sonst lebt er unter großer innerer Spannung, praktisch völlig isoliert (zusammen mit seiner Mutter) und leidet sehr darunter, daß er sich nach einer Liebesbeziehung sehnt, aber aus Angst keinen Schritt zur Realisierung dieser Wünsche tun kann.

Dieses Beispiel zeigt, daß um die in Skala 5 polarisierten Aussagen 19 l und 11 r erst 10 weitere auffällige Items gruppiert werden müssen, um diese beiden miteinander interferierenden Aussagen voll verständlich zu machen. Zugleich erweist sich aber die scheinbare Widersprüchlichkeit von 19 l gegen 11 r als ein fruchtbarer Ausgangspunkt zur Aufschlüsselung einer relativ komplexen Konfliktstruktur. So wie dieser Patient liefern viele Probanden einen Fingerzeig auf einen hintergründigen Konflikt, indem sie bei Items, die nahe an ihr Problem rühren, kontroverse Aussagen machen, obwohl ihr übriges Selbstbild eher einheitlich und geschlossen erscheint. Vielfach äußern sie sich an ein oder zwei Stellen im Sinne eines abgewehrten Impulses, während sie darum herum eine Reihe von ausgeprägten Abwehräußerungen bieten.

6.22 *Patient 2:* 20 Jahre, weiblich

Die Patientin erlebt sich zugleich als außerordentlich stark kontaktgehemmt und als unterkontrolliert, zur Dissozialität neigend.

Ihre Tendenz zur sozialen Isolierung stellt die Patientin sehr eindeutig dar: Sie empfindet sich als sehr verschlossen (15), zurückhaltend (19). Sie meide Geselligkeit (2) und könne auch schwer mit anderen zusammenarbeiten (28). Es werde ihr schwer, sich für lange Zeit an einen anderen Menschen zu binden (17), und sie fühle sich überhaupt den anderen sehr fern (25). Ihre Isolation erlebt die Patientin allerdings offenbar nicht nur als Folge einer hochgradigen Ausdruckshemmung, sondern auch im Zusammenhang mit einem sehr ausgeprägten Mißtrauen gegenüber ihrer Umgebung (10). Wenn sie, wie sie sagt, von ihren Liebesbedürfnissen kaum etwas verrät (11), so dürften beide Determinanten im Spiele sein.

Im Grunde möchte sie anscheinend den anderen voraus sein (7) und erreicht es offenbar auch, daß man ihre Arbeit gut beurteilt (9). Sie selbst scheint aber selbst in diesem Bereich von sich wenig zu halten. Sie glaubt, daß sie sich kaum für längere Zeit konzentrieren kann (38) und im übrigen recht unordentlich sei (21). Sie scheint also wohl eher zu meinen, daß die anderen sich über ihre wahre Arbeitsqualität täuschen bzw. daß sie die Umgebung in dieser Hinsicht bluffe.

Jedenfalls sagt sie, daß sie anderen leicht etwas vormachen könne (35) und von dieser Fähigkeit auch reichlich Gebrauch mache, indem sie es mit der Wahrheit alles andere als genau nehme (18). Sie findet sich auch noch in anderer Hinsicht unterkontrolliert: Mit Geld könne sie schwer umgehen (13), und sie sei äußerst ungeduldig (1).

Wichtige Hinweise sprechen dafür, daß sie zu denjenigen schizoiden soziopathischen Strukturen zählt, die sehr viel mehr selbst unter ihrer dissozialen Außenseiterrolle leiden, als daß sie für andere «störend» wirken. So gerät sie auch kaum, nach eigenem Urteil, in Auseinandersetzungen mit anderen (22). Trotz ihrer mißtrauisch kritischen Polarisierung gegen ihre Umgebung (10) ist sie nach dem GT-S noch sehr viel mehr kritisch gegen sich selbst. Sie leidet unter fortwährenden Selbstvorwürfen (3), die den Inhalt ihrer häufigen Grübeleien über ihre inneren Probleme (5) auszumachen scheinen. Folgerichtig stellt sie sich als sehr depressiv dar (14).

Insgesamt läßt der GT-S befürchten, daß die Patientin durch ihre dissozialen Tendenzen ihre soziale Isolation und ihre depressiven Schuldgefühle noch verstärken könnte. Gefährlich erscheint in dieser Hinsicht ihre zugestandene Kontrollschwäche, die selbstschädigende impulsive Kurzschlußhandlungen erleichtern könnte.

Der Interviewer stimmt in seinem GT-Urteil mit dem Selbstbild der Patientin weitgehend überein. Wenn er im Gegensatz zu ihr meint, daß sie doch ziemlich viel von ihren Liebesbedürfnissen zeige (11, Abweichung 3 Punkte), so könnte das mit einer positiven Gegenübertragungsreaktion zusammenhängen, zumal, da er auch in einigen anderen Merkmalen die Patientin positiver sieht als diese sich selbst, nämlich phantasievoller (26), fürsorglicher (32), besser konzentrationsfähig (36) (in allen genannten Dimensionen beträgt die Differenz zwischen Selbst- und Fremdbild 3 Punkte). Denkmöglich ist aber auch, daß die Patientin sich aus ihrer bedrückten Verfassung heraus schlechter sieht, als sie ist, oder daß sie sich zumindest aus appellativem Interesse kläglicher darstellen will. Die im übrigen besonders weitgehende Übereinstimmung zwischen Selbst- und Fremdbild spricht jedenfalls dafür, daß Patientin und Interviewer sich im allgemeinen ziemlich einig über die Verfassung der Patientin geworden sind.

6.23 *Patient 3:* 72 Jahre, weiblich

Die 72jährige Patientin sieht sich als eine Frau mit vielseitigen Qualitäten. In ihrer allgemein hohen Selbsteinschätzung sticht sie deutlich von dem Mittelwertsprofil ihrer Altersgruppe ab:

Sie fühlt sich von ihrer Umgebung als stark (36) und sehr tüchtig (9) eingestuft und hält sich auch selbst für außerordentlich fleißig (24) und stetig (38).

Sie betont ihren Reichtum an Phantasie (26), der ihrer erklärten Neigung zugute kommen dürfte, sich äußerlich gefällig zur Geltung zu bringen (27). Von ihrer darstellerischen Begabung ist sie überzeugt (35).

Sie ist – nach eigenem Urteil – intensiv an sozialen Kontakten interessiert. Sie glaubt, daß sie viel Liebe fühlen (34) und verschenken (30), daß sie ganz besonders unbefangen mit Männern umgehen könne (40) und daß sie eine einmal geknüpfte Partnerbeziehung auch langfristig durchhalten könne (17). Dennoch scheint sie eigentlich mehr den geselligen Kreis (2) als tiefe Gefühlsbeziehungen zu suchen, denn ganz eng wolle sie sich an niemanden anschließen (12). Sie meidet sogar, wie sie sagt, die allzugroße Nähe (12). Offensichtlich fürchtet sie Abhängigkeitssituationen, während sie sich in einer mehr aktiv betonten fürsorglichen Rolle (32) sicherer fühlt.

Trotz der in reichem Maße geäußerten Kontaktqualitäten fühlt sich die Patientin zwar als stark und tüchtig respektiert, aber allem Anschein nach nicht so geliebt, wie sie es zu verdienen glaubt. Sie gesteht nämlich zu, daß sie es schwer habe, sich beliebt zu machen (16). Und trotz ihrer Tendenz, Ärger in sich hineinzufressen (6), gerate sie eher etwas häufiger als andere in Auseinandersetzungen mit ihrer Umgebung (22).

Es ergibt sich der Schluß, daß sie ihre mangelhafte Beliebtheit dem Unverständnis ihrer Umgebung für ihre angenommene besondere Liebes- und Hilfsbereitschaft zurechnen dürfte. Denn obwohl sie sich, wie sie sagt, besonders häufig über ihre inneren Probleme Gedanken macht (5), scheint sie nicht selbstkritisch genug zu sein, um zu bemerken, wodurch sie selbst Widerspruch provozieren dürfte: nämlich

1. durch den Beiklang von «dominating overprotection» in ihrer sozialen Einstellung und
2. durch ihre hysteriformen Geltungsansprüche.

Ihre inneren Spannungen dürften jedenfalls damit zusammenhängen, daß sie zur Aufrechterhaltung ihrer Selbstsicherheit unbedingt eine erfolgreiche Resonanz braucht, aber diese Resonanz nicht oder zumindest nicht mehr in genügendem Maße erringt.

Das vom psychoanalytischen Interviewer entworfene GT-Fremdbild zeigt weitgehende Übereinstimmungen mit dem Selbstbild der Patientin. Jedoch erlebt der Interviewer die Kranke bezeichnenderweise u. a. als narzißtisch unbekümmert und dafür aggressiver. Er traut ihr weniger introspektive Selbstreflexionen zu (5, Abweichung 3 Punkte), weniger fürsorgliche Gefühle für andere Menschen (32, Abweichung 4 Punkte), dafür mehr Neigung, ihre Aggressionen nach außen abzureagieren (6, Abweichung 3 Punkte). In dieser Differenz zwischen Selbst- und Fremdbild verdeutlicht sich der bereits aus dem Selbstbild gewonnene Eindruck, daß die Patientin sich infolge gewisser hysteriformer narzißtischer Verleugnungen als ausgezeichneter und liebenswerter darstellt, als es von der Umgebung honoriert wird. So provoziert sie ihr unverständliche ablehnende Reaktionen, durch die sie anscheinend um so mehr irritiert wird, als sie ihre eigene aktive aggressive Komponente überhaupt nicht bemerkt.

6.3 PAARPROFILE[7]

In Kap. 5.3211 wurde dargestellt, daß bei Ehepaaren die Beziehungsstruktur durch gegenseitige Beurteilungen durchsichtiger gemacht werden kann. Der Mann beurteilt sich selbst (mm) und seine Frau (mw) und die Frau sich selbst (ww) und ihren Mann (wm).

---

[7] Zur GT-Paar-Diagnostik ist eine eigene Monographie in Vorbereitung.

Auch hier sind GT-Analysen über alle 40 Items sinnvoll, zumal wenn das Ehepaar zusammen mit dem Arzt die Dissonanzen in den Beurteilungen anhand der Ankreuzungen nach Durchführung des Tests diskutiert. Hierbei ergeben sich häufig Anknüpfungspunkte für die prägnantesten Kommunikationsstörungen in der Beziehung der Ehepartner zueinander.

Für den Zweck der beispielhaften Demonstration von GT-Anwendungen ist jedoch die Analyse der Beurteilungsstrukturen bezogen auf die Standardskalen übersichtlicher, da die Datenfülle etwas reduziert wird. Hierbei geht Information verloren, die typischen Strukturen heben sich gleichzeitig aber prägnanter ab.

6.31 Paar I

Die Tab. 18 zeigt die T-Wert-standardisierten Beurteilungen dieses Ehepaares. Hiernach zeigen sich bei den Skalen 1 und 2 äußerst prägnante Selbst-Fremdbildübereinstimmungen in bezug auf eine komplementäre Beziehungsform. Der Mann hat nach Meinung beider die aggressiv-dominante Rolle (2). Er genießt nach Meinung beider viel soziale Resonanz (1). Die Frau nimmt die komplementäre Rolle ein. Sie ist nach Meinung beider Partner passiv-fügsam und erntet nur wenig soziale Resonanz.

Tab. 18: Paar 1; T-Werte der vier Urteile.

Skala	mm	mw	wm	ww
1	74	23	74	30
2	29	67	27	69
3	21	52	69	48
4	68	76	35	85
5	57	44	51	44
6	53	40	42	47
M	36	41	45	41
E	68	61	78	77

mm: Selbstbild des Mannes
mw: Urteil des Mannes über seine Frau
wm: Urteil der Frau über ihren Mann
ww: Selbtbild der Frau

In diesen Bereichen sind die Rollen beider Partner definiert. Im Gegensatz hierzu ist die Beziehungsstruktur in den Bereichen, die durch die Skalen 3 und

4 erfaßt werden, komplizierter. Hier weicht insbesondere das Urteil der Frau über ihren Mann in auffälliger Weise von den anderen Urteilen ab.

Der Mann beurteilt sich selbst, die Frau sich selbst und der Mann die Frau in Richtung triebhafter Züge mit Verwahrlosungstendenzen (Skala 3). Allein die Frau hält den Mann eher für überkontrolliert, während dieser sich selbst als sehr unterkontrolliert darstellt. Bei Skala 4 zeigt sich dieselbe Konstellation. Der Mann hält sich selbst, die Frau sich selbst und der Mann die Frau für depressiv. Die Frau jedoch sieht ihren Mann polar eher stimmungsstabil. Interpretativ kann angenommen werden, daß die Frau in ihren Mann die Merkmale von hoher Selbstkontrolle und Stimmungsstabilität projiziert, um sich selbst in der Partnerbeziehung mit Hilfe des Mannes weniger ängstlich und hilflos fühlen zu müssen. Der Mann kann diese Rolle für sich nicht konfliktfrei annehmen, da er sich dadurch überfordert fühlt, wie man nach seinem Selbstbild verstehen kann.

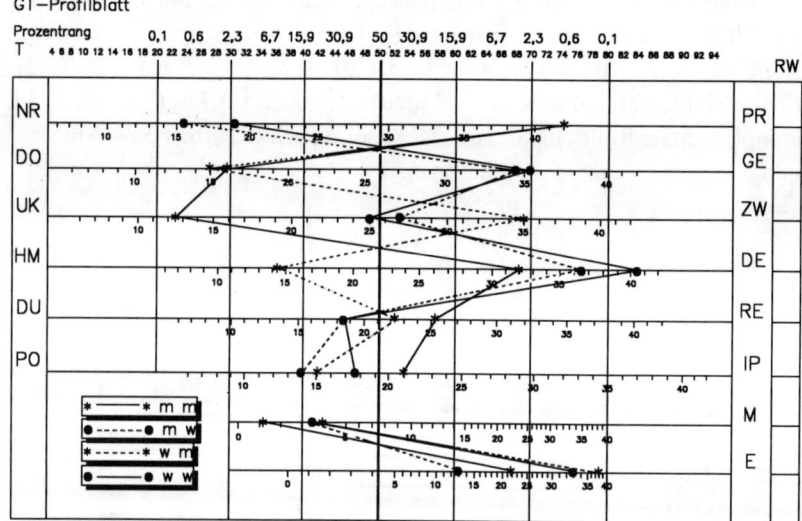

Figur 8: Paar 1; Profile der vier Urteile.

Aus den Einstellungsskalen M und E ergibt sich noch als Anhaltspunkt, daß die Frau in ihren Urteilen auffallend häufig Extreme verwendet. Sie erlebt sich selbst und ihren Mann affektbetonter.

Die Frau kam spontan in die Klinik, weil sie sich durch eine bevorstehende Prüfung mutlos und arbeitsunfähig fühlte. Sie berichtete, sie fühlte sich ihrem Mann sehr unterlegen, der aktiv, tüchtig und intelligent sei. Sie sei an ihm gemessen viel weniger tüchtig und würde ohne die Hilfe ihres Mannes versagen. Früher sei das anders gewesen. Sie habe bei der Heirat zunächst die Mutterrolle übernommen, aber heute sei ihr Mann ihr überlegen. Er brauche Unabhängigkeit von ihr, und sie wisse nicht, ob sie dies unterstützen solle.

Bei der Besprechung dieses Falles anhand einer Demonstration des fernseh-aufgezeichneten Erstinterviews ergibt sich die Auffassung, daß der Mann in seine Frau teilweise sein negatives Selbst projiziert[8], um sich gegen seine eigenen depressiven Gefühle abzusichern. Die Frau bietet ihm diese Rolle an, da sie ihrerseits ihre Bedürfnisse nach einer männlichen Identität durch ihn befriedigen möchte.

6.32 Paar 2

Tab. 19: Paar 2; T-Werte der vier Urteile.

Skala	mm	mw	wm	ww
1	46	59	61	46
2	42	75	27	65
3	63	69	54	61
4	50	65	50	65
5	37	41	34	41
6	47	40	51	44
M	41	41	41	45
E	44	55	60	55

mm: Selbstbild des Mannes
mw: Urteil des Mannes über seine Frau
wm: Urteil der Frau über ihren Mann
ww: Selbtbild der Frau

Bei Skala 1 sind die Selbstbilder der Partner symmetrisch und die Fremdbilder ebenfalls, aber in polarer Richtung. Jeder der beiden Partner meint von sich selbst, nur in durchschnittlichem Maße soziale Resonanz zu suchen und zu finden, traut aber gleichzeitig dem Partner in dieser Hinsicht mehr zu. Beide projizieren hier also wechselseitig dieselben positiven Selbst-Aspekte. Sie halten sich gegenseitig für attraktiver, beliebter und sozial durchsetzungs-

---

[8] Anm.: Genauer: Das «negative Selbst» ist hier identisch mit der Rolle des «schwachen Teils». Dieser Projektionstyp wird näher beschrieben in «Patient Familie», u. a. O.; s. RICHTER, 1970.

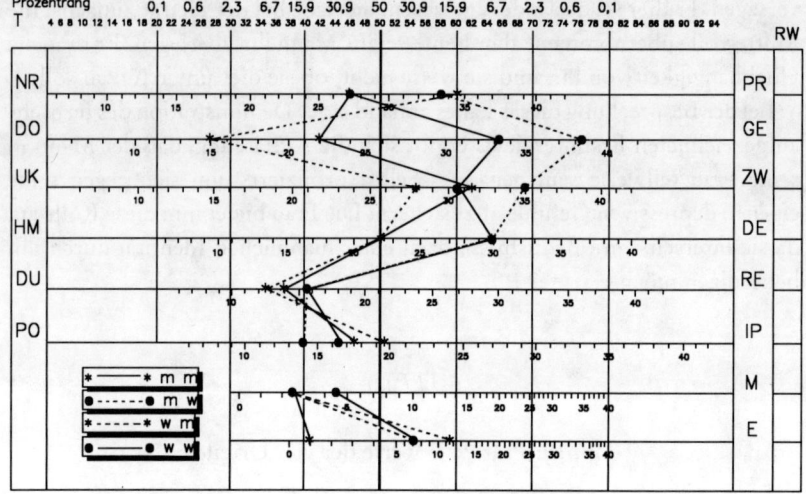

Figur 9: Paar 2; Profile der vier Urteile.

fähiger. In diesem Zusammenhang ist auch die Einstellungsskala 8 aufschlußreich. In den Fremdurteilen neigen beide Partner zur Bevorzugung von
Extremen, während sie diese im Selbsturteil nicht benutzen.

Bei den Skalen 2 und 4 stellt sich Einigkeit zwischen beiden über ein
komplementäres Rollenverhältnis dar. Beide Partner stimmen relativ darin
überein, daß der Mann dominant sei und die Frau fügsam (Skala 2). Bei Skala 4
wird deutlich, daß die Frau beiden eher als depressiv, der Mann beiden eher als
stimmungsstabil erscheint. Bei den drei anderen Skalen finden sich mehr oder
weniger deutlich ausgeprägt symmetrische Rollenmerkmale. Beide Partner
sind sich darin einig, daß sie einer wie der andere sehr kontrollierte (Skala 3),
aber zugleich aufgeschlossene (Skala 5) und einigermaßen sozial aktive
Menschen seien (Skala 6).

Die Frau kam als Patientin mit einer abklingenden herzneurotischen
Symptomatik. Sie zeigte hypochondrische Züge und verriet latente Todes-
ängste. Sie fühlte sich ohne ihren Mann hilflos. Sie beklagte sich sehr
vorsichtig, daß ihr Mann früher mit ihr zu autoritär umgegangen sei.
Inzwischen hätten sie sich aber hierüber ausgesprochen, und nun sei in der
Ehe wieder alles in Ordnung. Sie sei vor einem halben Jahr sehr krank
gewesen, damals hätten sie in der Ehe einige Spannungen gehabt. Inzwischen
hätten sie aber keine Probleme mehr miteinander.

Der Mann berichtete, daß er früher zu streng mit seiner «zarten Frau» gewesen sei. Sie sei für das Leben etwas zu naiv und gutgläubig. Inzwischen sei aber die Untersuchung in der Klinik eigentlich überflüssig geworden, da die Eheschwierigkeiten von ihnen selbst gelöst worden seien.

Es wird im Ganzen eine für Herzneurotiker typische symbiotische Ehestruktur deutlich. Die herzneurotische Patientin klammert sich in abhängiger Weise an den Mann an, der sie als der Dominante, Starke, Stimmungsstabile gegen ihre Unsicherheit schützen soll. Er akzeptiert diese Rolle. Die weitgehende Identifizierung in den Merkmalen der Skalen 3, 5 und 6 zeigt eine Angleichung in den allgemeinen sozialen Auffassungen und Einstellungen.

6.33 Paar 3

Tab. 20: Paar 3; T-Werte der vier Urteile.

Skala	mm	mw	wm	ww
1	44	44	59	63
2	37	31	27	59
3	44	40	24	61
4	56	70	63	45
5	46	39	64	30
6	51	49	44	34

mm: Selbstbild des Mannes
mw: Urteil des Mannes über seine Frau
wm: Urteil der Frau über ihren Mann
ww: Selbstbild der Frau

Das Testbild dieses Paares erscheint auf den ersten Blick ziemlich verwirrend.

In Skala 1 sieht zwar jeder den anderen nahezu wie sich selbst. Aber während die Frau die Gemeinsamkeit eher in positiver sozialer Resonanz erblickt, registriert er die Gemeinsamkeit auf der anderen Seite der Skala. Fiktiv läßt sich das Bild formelhaft so veranschaulichen:

Skala 1
Sie: «Jeder von uns beiden sucht und findet recht viel Anklang und Anerkennung.»
Er: «Jeder von uns beiden sucht und findet nur in bescheidenem Maße Anklang und Anerkennung.»

In den Skalen 2, 3, 4 und 5 sieht jeder den anderen dominanter (herrsch-süchtiger), unkontrollierter (verwahrloster), depressiver und retentiver (ver-schlossener) als jeder einzelne sich selbst. Der Mann gibt in jeder dieser Dimensionen ein wenig von dem zu, was sie ihm in sehr viel krasserem Maße zuschreibt. Die Frau gibt nichts davon zu, was er ihr an Dominanz, Unkontrolliertheit, Depressivität beilegt, und sie insistiert also darauf, daß er sich in diesen Hinsichten radikal über sie täusche.

Formelhaft läßt sich dies so veranschaulichen:

Skala 2
Sie: «Ich bin fügsam, Du benimmst Dich sehr eigensinnig und dominant.»
Er: «Ich bin zwar etwas eigensinnig und dominant, Du aber in noch höherem Grade.»

Skala 3
Sie: «Ich bin ziemlich gut kontrolliert, Du aber läßt Dich in hohem Maße gehen.»
Er: «Ich lasse mich wohl etwas gehen, Du bist aber noch ein Stück weniger kontrolliert als ich.»

Skala 4
Sie: «Meine Stimmung ist ziemlich stabil, Du bist dagegen einigermaßen depressiv.»
Er: «Meine Stimmung ist eine Spur labil, aber Du bist ausgeprägt depressiv.»

Skala 5
Sie: «Ich bin außerordentlich offen (durchlässig), Du aber ziemlich retentiv.»
Er: «Ich neige etwas mehr zur Offenheit als zur Retentivität, Du allerdings bist noch etwas durchlässiger als ich.»

In Skala 6 schätzt sie ihre eigene soziale Potenz recht hoch ein, die seinige zwar relativ geringer, aber immer noch höher, als er es von sich sagt. Er macht hier zwischen ihr und sich praktisch keinen Unterschied.

Im ganzen gewinnt man den Eindruck eines erheblichen Konfliktes. In 3 Skalen steht sie mit ihrem Selbstbild allein auf einer Skalenseite, indem sie sich eher als etwas gefügig, sehr gut kontrolliert und stimmungsstabil darstellt, wobei sie offenbar ihr Selbstbild gegen ihn verteidigt. Denn er gehört nach ihrer und nach seiner Meinung auf die andere Skalenseite. Aber er sieht auch sie auf «seiner» Skalenseite, also als: dominant, unterkontrolliert und depres-siv. Diese Befunde zeigen, daß sein Bild in den Augen beider im allgemeinen

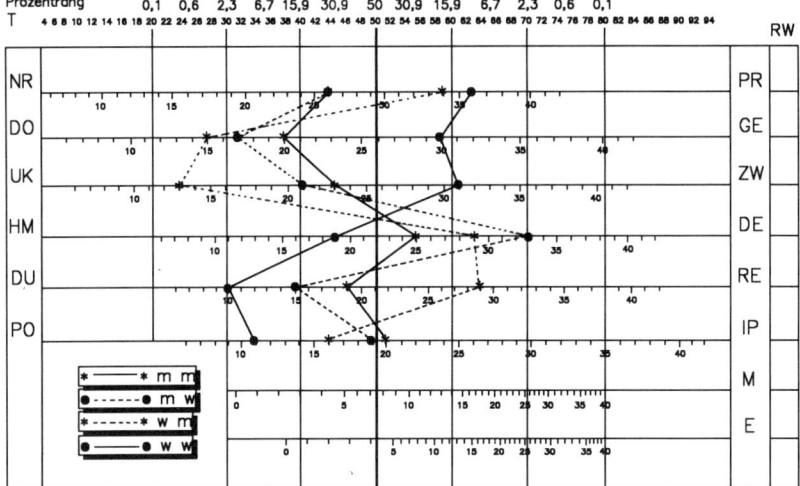

Figur 10: Paar 3; Profile der vier Urteile.

klarer ist als das ihrige. Man ist sich über ihn, alles in allem, einiger als über sie. Lediglich in Skala 5 polarisiert sich sein Selbstbild gegen ihr Urteil über ihn, indem sie ihn als einigermaßen verschlossen (mißtrauisch) darstellt, worin er ihr widerspricht. Dieser Punkt wird noch einmal später zu betrachten sein. Sonst widerspricht sie seinen Urteilen über sie mehr als er ihren Urteilen über ihn. Sie ist darin unnachgiebiger (Skala 2, 4, 6). Insofern liegt ein Schwerpunkt des kommunikativen Mißverständnisses auf ihrer Seite.

Interpretativ besonders aufschlußreich ist das beiderseitige Verhalten in den Skalen 2, 3, 4 und 5, wo jeder den anderen in krasserem Maße dominant, unterkontrolliert, depressiv und weniger durchlässig (relativ retentiver) einschätzt als sich selbst. Dieser Befund spricht für ein Rollenverhältnis nach dem Muster des unbewußten projektiven Austausches der «negativen Identitäten» (RICHTER) bzw. nach dem Muster des «Trading of Dissociations» (WYNNE). Das heißt: jeder akzentuiert bei dem anderen unerwünschte Merkmale, die er bei sich selbst nicht oder zumindest nur in geringerem Maße sehen will. Die Verleugnung dieser eigenen Schwächen gelingt aber eben nur mit Hilfe einer projektiven Verschiebung auf den Partner, der die Funktion erhält, die negativen Merkmale «abzunehmen».

Das Testbild dieses Ehepaarkonfliktes hat sich in einer anschließend durchgeführten analytischen Ehepaartherapie 100prozentig bestätigt. Hinsichtlich Skala 2 (Dominanz, Gefügigkeit) hat sie ihm oft vorgehalten: «Du

85

setzt Dich immer durch, ich muß mich letztlich allen Deinen Entscheidungen fügen.» Er wiederum hat sie laufend beschuldigt, ihn zu bedrängen und einzuengen. Sie mache ihm laufend Schuldgefühle, wenn er ihren Forderungen nicht folge. – Jeder von beiden hält also daran fest, in passiver Weise von dem anderen gegängelt zu werden.

Eher noch deutlicher wird der Austausch der negativen Identitäten im Themenbereich der Skala 3: Jeder hat sich wiederholt über die Unordentlichkeit des anderen beschwert. Er: Sie sei unstetig, nicht zielstrebig, furchtbar unpünktlich, worunter er sehr leide. Sie: Er sei lahm, morgens nicht erweckbar, dann wieder chaotisch impulsiv und unberechenbar in seinen Planungen. Er wolle plötzlich dies und das, worauf man nicht eingerichtet sei.

Entsprechend Skala 4 hat jeder die Depressivität des anderen schärfer wahrgenommen als die eigene. Sie: «Du leidest darunter, daß ich mich zu wenig um Dich kümmere. Wenn ich Dich allein lasse, bist Du traurig.» Er: «Nun sitzt Du schon wieder so gebückt leidend da. Eben hast Du die ganze Zeit mit zitternder Stimme gesprochen, als ob Du sofort losheulen wolltest.» Obwohl sie in der Tat wiederholt Tränen in den Augen hat und aufgrund der ehelichen Krise sichtlich verzweifelt ist, kann sie ihre traurige Verstimmung bei sich nicht wahrnehmen. Bezeichnenderweise kreuzt sie bei Item 14 links drei an, d. h., «selten bedrückt».

Angesprochen auf das sichtbare Mißverhältnis zwischen Selbstverständnis und sichtbarem Ausdruck, meint sie: «Ich bin ja von mir aus überhaupt nicht bedrückt, das ist nur sein Verhalten.» Sie will sagen: Da ich meine Depressivität als sein Problem empfinde, wehre ich mich dagegen, sie als meine Eigenschaft zu beschreiben.

Die generelle Verleugnung von Schwäche und Leiden bei der Ehefrau wird auch durch ihre bemerkenswerte Ausfüllung des Beschwerde-Fragebogens (BSB)[9] belegt. Obwohl sie wegen eines Organprozesses, der erhebliche Schmerzen bereitet, einer unmittelbar bevorstehenden größeren Operation entgegensieht, kreuzt sie bei 59 Angeboten in Beschwerden dreiundfünfzigmal «nicht» an, viermal «kaum» und einmal «einigermaßen». Bezeichnenderweise liegt die einzige mit «einigermaßen» bejahte Beschwerde fernab von ihrer operationsbedürftigen Erkrankung im Bauchraum. Was sie zugesteht, sind «Halsschmerzen», eigentlich ein chronisches Symptom des Ehemannes, dem wegen fortwährender Halsbeschwerden die Mandeln entfernt worden sind. Der Ehemann hingegen kreuzt mehrere Beschwerden im Lokalisationsbereich *ihrer* Erkrankung mit «einigermaßen» bis «erheblich» an. Auch hier

---

[9] Anm.: Vgl. ZENZ, 1971.

manifestieren sich also allem Anschein nach die im GT aufgespürten wechselseitigen projektiven Verschiebungen.

Jeder glaubt an eine Besserung seines Zustandes, falls der andere die negativen Aspekte reduziert, die man bei ihm beanstandet. Welche Änderung sie von ihm vor allem wünscht, hat sie in der Therapie immer wieder in Bestätigung ihrer Angaben zu Skala 5 hervorgehoben: Sie will unbedingt, daß er weniger retentiv sei, sondern um vieles mehr und intensiver mit ihr kommuniziere. Als ausgesprochen oknophiler, anhänglicher Typ fühlt sie sich durch seine philobatären Lösungsversuche schwerstens geängstigt, während er ihre bedrängende Overprotektion loswerden möchte.

Die Besprechung der GT-Profile erweist sich für die analytische Arbeit mit beiden sehr intelligenten Ehepartnern als außerordentlich hilfreich. Sie begreifen anhand des Tests erstmalig ihre beiderseitige Abwehrform vom Typ des projektiven Austausches der negativen Identität.

6.4 Verlaufskontrollen

Bei Verlaufskontrollen ergibt sich das generelle methodische Problem, daß bei wiederholten Testgaben Lerneffekte oder auch Erinnerungsleistungen die relevanten Faktoren überlagern können. Dieses Argument gilt natürlich auch für wiederholte Erhebungen anderer Art, wenn z. B. zunächst das Selbstbild und im Abstand einer Woche das Idealselbst-Bild erhoben wird. Derartige Einflüsse bei wiederholten Erhebungen sind in keinem Fall völlig eliminierbar. Eine gewisse Reduktion von verzerrenden Einflüssen kann sich ergeben, wenn bei Verlaufskontrollen über Kontrollgruppen allein die relativen Veränderungen meßbar gemacht werden.

Speziell bei Therapiekontrollen sind eine Reihe von allgemeinen methodischen Gesichtspunkten bedeutungsvoll. Neben der Notwendigkeit genauer (varianzanalytischer) Versuchsplanung ergeben sich insbesondere methodologische Probleme bei der Auswahl relevanter Variablen, welche die vielfach verflochtenen sozialen, psychologischen und somatischen Bereiche von Veränderungen bei Patienten repräsentativ abbilden (vgl. BECKMANN, RICHTER, SCHEER, 1969). Der GT bezieht sich auf den *psychologischen* Aspekt der Veränderungen. Er wurde speziell zu dem Zweck entwickelt, neben zeitkonstanten zeitvariable Persönlichkeitszüge zu erfassen, die mit erwarteten Änderungen bei Psychotherapien in Zusammenhang stehen. Methodologisch ist darauf hinzuweisen, daß Mittelwertprofile allenfalls eine Dimension der sich in verschiedenen Richtungen verändernden Patienten erfassen können. Durch Faktorenanalysen von Differenzen bei Testerhebungen vor und nach der Therapie lassen sich unmittelbar die verschiedenen relevanten Richtungen auffinden, die nicht den Dimensionen zu entsprechen brauchen, die bei diagnostischen Querschnittsanalysen die interindividuellen Differenzen erfassen. Es ist also nicht unbedingt notwendig, daß die Standardskalen, die für diagnostische Zwecke entwickelt wurden, auch für Zwecke der Therapiekontrolle optimal sind. Hier sind noch umfangreiche Untersuchungen notwendig, mit denen z. T. schon begonnen wurde. Dadurch, daß Therapiekontrollen sich auch auf katamnestische Erhebungen stützen sollten, muß bei der Entwicklung derartiger Skalen mit etwas längeren Zeiträumen gerechnet werden.

Unter methodologischen Gesichtspunkten sind Dimensionen optimal, die unter gleichzeitiger Berücksichtigung von Quer- und Längsschnitt gewonnen werden. Hierzu sind multivariante Verfahren angezeigt, die von HORST, 1965 u. a. beschrieben wurden. Im Längsschnitt sind bei diesem Vorgehen jedoch nicht zwei, sondern eine Reihe von Erhebungen notwendig. Bei Psychotherapien, die sich über längere Zeiträume erstrecken, ist es durchaus denkbar, daß zur Konstruktion derartiger Dimensionen eine Stichprobe von Patienten den GT wiederholt ausfüllt. In der Psychosomatischen Klinik Gießen wurden bei einer kleinen Anzahl von stationär gruppentherapeutisch behandelten Patienten wiederholte GT-Erhebungen durchgeführt. Ein weiteres Problem ist bei der Konstruktion derartiger Dimensionen die Kontrolle der Varianzen zwischen verschiedenen Therapieformen und auch Therapeuten. Einfacher sind diese Probleme auch bei der Kontroller medikamentöser Therapie nicht, da auch hier psychologische Faktoren der Arzt-Patient-Beziehung die reinen pharmakotherapeutischen Wirkungen überlagern.

6.41 Fall 1

Fig. 11 zeigt die GT-Erhebungen vor und nach einer vorwiegend stützend durchgeführten therapeutischen Beratung von 5 Stunden bei einer 29jährigen Patientin, die wegen Eheschwierigkeiten und Frigidität die Psychosomatische Universitätsklinik Gießen aufsuchte. Durch klärende und ichstärkende Gespräche gewann die Patientin nach Aussage der behandelnden Ärzte etwas Distanz zu ihren akut zugespitzten Familienkonflikten, so daß die Beratung nach relativ kurzer Zeit abgeschlossen werden konnte.

Die durchgezogene Linie (Fig. 11) zeigt die Testwerte vor und die gestrichelte Linie die Werte nach der therapeutischen Beratung.

Bei drei Skalen liegen die Testwerte vor und nach der Therapie nahe beieinander, und bei den übrigen drei Skalen finden sich Veränderungen.

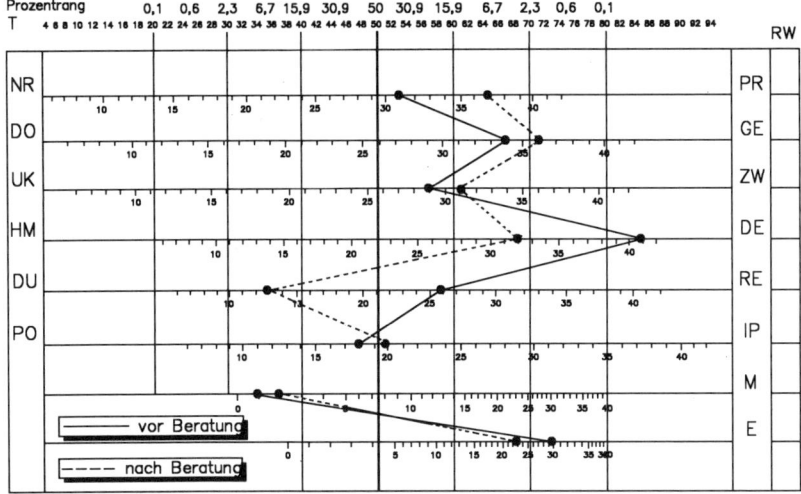

Fig. 11: Fall 1; Profile vor und nach einer psychotherapeutischen Beratung von 5 Stunden.
——————— vor der Beratung
– – – – – nach der Beratung

Nach den Test-Retest-Korrelationen und Konzepten der Reliabilität (LIE-NERT, 1967) kann eine Änderung von ca. 5–6 Rohwerten als bedeutsam angesehen werden. Hiernach finden sich interpretierbare Veränderungen bei den Skalen 5, 4 und 1. Die Patientin ist nach der Beratung offener, kontaktfreudiger, weniger ängstlich-depressiv, selbstbewußter und selbstsicherer geworden. Unverändert blieben die passiven Züge zur Anpassungsbereitschaft hin. Skala 4 macht deutlich, daß die depressive Komponente sich zurückgebildet hat, jedoch nicht vollständig verschwunden ist.

Dieser Fall wurde ausgewählt, um zu zeigen, das der GT auch Veränderungen differenziert abbildet, die sich innerhalb von nur wenigen Therapiestunden herausgebildet haben. Die Frage der Stabilität dieser Änderungen ist ein Thema der Therapiekontrolle (BECKMANN, RICHTER, SCHEER, 1969). Hier sollte lediglich an einem Beispiel demonstriert werden, daß sich interpretierbare Veränderungen mit dem GT messen lassen.

Die parallel kontrollierten GT-Urteile der Ärztin über die Patientin vor und nach der therapeutischen Beratung werden hier nicht abgebildet. Es sei nur kurz erwähnt, daß in den Urteilen der Ärztin sich ebenfalls eine Reduktion der depressiven Züge von 17 T-Einheiten vorfindet. Auch vermehrte phallisch-hysterische Züge von 11 T-Einheiten zeigen sich in Analogie zu den Selbstbildern der Patientin. Im Unterschied zum GT-S sah die Ärztin im GT-F bei der Patientin vor der Therapie gewisse zwanghafte Züge (T = 70), die nach der Beratung weniger ausgeprägt gesehen werden (T = 57). Gleichzeitig glaubt die Ärztin, daß die Patientin sich nach der Therapie aktiver mit ihrer mitmenschlichen Umwelt auseinandersetzen kann (Skala 6: 12 T-Einheiten).

Zur Problematik von Arzturteilen allein zum Zweck der Therapiekontrolle wurde am Beispiel des GT an anderer Stelle bezug genommen (BECKMANN, RICHTER, SCHEER, 1969). Es sei nur kurz wiederholt, daß die Bedeutung von Arztstereotypen nicht zu unterschätzen ist (BECKMANN) und daß es ein Arzt u. U. schwer hat, bei von ihm selbst behandelten Patienten unerwünschte Veränderungen präzise zu registrieren. Die kombinierte Verwendung des GT-S und GT-F bei Therapiekontrollen ist daher zu empfehlen.

6.24 Fall 2

Bei dem zweiten Fallbeispiel handelt es sich um eine abgeschlossene psycho-analytisch orientierte Psychotherapie von 35 Stunden bei einer 25jährigen verheirateten Studentin mit einer depressiven Neurose, die mit Arbeitsunfä-higkeit verbunden war. Die therapeutischen Sitzungen fanden zunächst

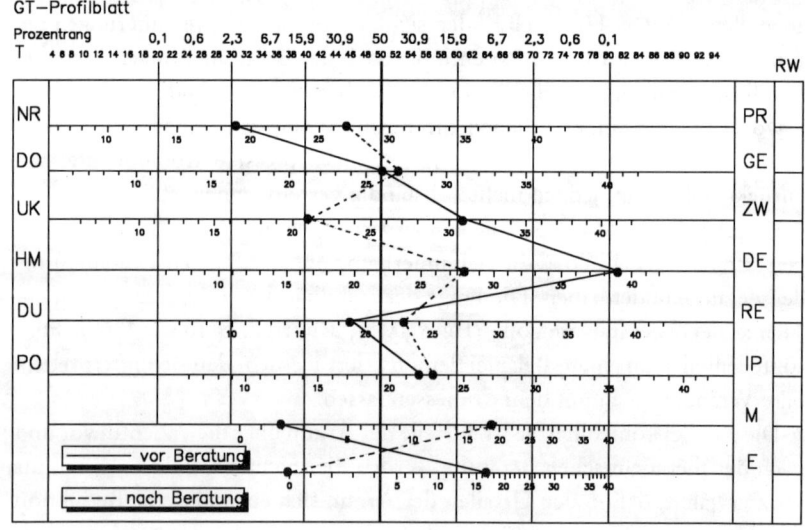

Fig. 12: Fall 2; Profile vor und nach einer Psychotherapie von 35 Stunden.
———— vor der Beratung
– – – – – nach der Beratung

zweimal wöchentlich und in der Folgezeit einmal wöchentlich statt. Nach dem Urteil der behandelnden Ärztin war die Patientin nach der Therapie wieder voll arbeitsfähig und die depressiven Symptome hatten sich zurückgebildet.

Die durchgezogene Linie (Fig. 12) zeigt den GT vor und die gestrichelte den GT nach der Psychotherapie. Die Patientin litt vor der Therapie nach dem GT an ängstlich-depressiven Gefühlen und starkem Über-Ich-Druck (Skala 4), fühlte sich im sozialen Kontakt völlig ohne Resonanz (Skala 1). Diese Merkmale sind nach der Therapie erheblich reduziert bzw. verschwunden. Gleichzeitig hat eine Veränderung bei Skala 3 stattgefunden. Vor der Therapie erlebte sich die Patientin eher als zwanghaft, nach der Therapie stellt sie sich als wesentlich gelockerter dar. Eine leichte Veränderung findet sich noch bei Skala 5: die Patientin ist nach der Therapie nicht mehr ganz so durchlässig der Umwelt gegenüber. Bei den Skalen 2 und 6 sind die Werte vor und nach der Therapie unauffällig. Insgesamt ergibt sich das Bild, daß die Patientin sich ohne Entwicklung von verstärkten Abwehrmomenten im Sinne der 6 GT-Skalen (im Unterschied zu Fall 1) erheblich stabilisiert hat. Nach der Therapie bleibt ein Rest an depressiv-ängstlichen Zügen, die aber mit Tendenzen zur freieren Verfügbarkeit von Triebwünschen verbunden sind (Skala 3).

Da die GT-Veränderungen bei großen Analysen ohne differenzierte Diskussion der Fälle nicht hinreichend zu klären sind, wird hier auf einschlägige Beispiele verzichtet. Die beiden Fälle von Kurztherapien sollten lediglich die Nützlichkeit des GT bei der Therapiekontrolle überhaupt demonstrieren. Zur systematischen Erforschung des GT bei Problemen der Therapiekontrolle ergeben sich, wie oben erwähnt, eine Reihe von methodischen Schwierigkeiten, die erst in planmäßigen Untersuchungen an größeren Stichproben gelöst werden können. Es muß noch einmal darauf hingewiesen werden, daß im Unterschied zum MMPI und ähnlichen Fragebögen der GT keine bevorzugten Richtungen bei den einzelnen Skalen hat, die in definierter Weise Neurotizismus messen. Hierdurch sind einfache Mittelwertsprofil-Veränderungen (vgl. MMPI-Literatur) logisch nicht vertretbar, da Veränderungen nach links oder rechts in gleicher Weise Verstärkung oder Verminderung von neurotischen Tendenzen erfassen können. Die Gewichtung der Veränderungen durch eine derartige Wertung ist von den Ausgangspositionen bei den einzelnen Skalen, deren Beziehungen zueinander und der Struktur der Veränderungen abhängig. Dieses Problem wird bei der Beurteilung von Einzelfällen vom klinischen Psychologen durch interpretative Annahmen gelöst. Für eine allgemeine Methodik muß hier jedoch erst an entsprechenden Untersuchungen ein Modell erstellt werden, das dem differenzierten Gegenstand adäquat ist. Zu Beginn des Kapitels wurden hierzu allgemeine Betrachtungen angestellt.

7. GT UND ANDERE TESTVERFAHREN

Verglichen mit anderen Persönlichkeitsfragebögen ergeben sich beim GT eine Reihe von Anwendungsmöglichkeiten, die bisher durch bekannte Tests nicht erschöpft werden. Zunächst ist hier als wesentlichster Unterschied zu nennen, daß der GT von der Konstruktion her sich gleichzeitig auf Persönlichkeitsvariable und sozialpsychologische Faktoren bezieht. Hierdurch können intra- und interindividuelle psychologische Variable in Zusammenhang gebracht werden. Diese Möglichkeit der Verbindung von Persönlichkeitsmerkmalen und psychosozialem Verhalten in Gruppen reicht hin bis zu allgemein soziologischen Variablen (vgl. die Kap. 4.5 über den sozialen Status und 6.14 über das Nichtwähler-Profil).

Aber insbesondere durch die spezielle Konstruktion des GT, durch die Erhebungen von Selbst-, Fremd- und Idealselbst-Bildern, von Auto- und Heterostereotypen, von Berufsbildern, Gruppenidealen u. a. ermöglicht werden, ergeben sich weite Anwendungsbereiche in der Sozialpsychologie. Für diese Bereiche stand bisher kein standardisiertes und ökonomisches Instrument zur Verfügung. Dies gilt auch insbesondere für die Kleingruppendiagnostik, wie z. B. für die Erfassung von Familienstrukturen.

Der GT mißt keine Neurotizismustendenzen im Sinne des traditionellen Konzepts einer allgemeinen vegetativen Labilität (vgl. MMQ, MPI, FPI u. a.). Dieses Konzept einer allgemeinen psychophysiologischen Labilität, das Neurose und einen isolierten Leistungsaspekt des psychosomatischen Verhaltens von Organismen in Verbindung bringt, ist nach dem heutigen Stand des Wissens nicht mehr sinnvoll. Es gibt eine Reihe von sehr unterschiedlichen neurotischen Tendenzen, die nicht auf eine Dimension reduzierbar sind. Darüber hinaus sind auf der somatischen Seite eine Reihe von psychophysiologischen Variablen unterscheidbar, die nicht mit der subjektiven Tendenz, über Beschwerden zu klagen (N-score) korrelieren.

Insbesondere der MMQ bezieht sich auf einen generellen Klagsamkeitsfaktor, der sich immer wieder findet, wenn in einer Faktorenanalyse subjektiver Beschwerden die Hauptsache der unrotierten Matrix zur Interpretation herangezogen wird. Falls diese Tendenz einer allgemeinen Klagsamkeit bei Patienten erhoben werden soll, muß ein entsprechendes Instrument Verwendung finden, da der GT nicht oder nur unwesentlich mit dieser Dimension korreliert. Der klinische Psychologe wird sich jedoch in der Regel mehr für eine differenzierte Beschwerdeliste interessieren. Er wird fragen, über welche Beschwerden ein Patient hauptsächlich klagt. In Anlehnung an ähnliche Fragebögen (vgl. BECKMANN, RICHTER, SCHEER 1969, ZENZ 1971) wurde in der Psychosomatischen Klinik Gießen ein Beschwerdekatalog entwickelt (BSB), der die häufigsten neurotisch bedingten Körperbeschwerden skaliert erfaßt. Der Summenscore über die Beschwerden der unrotierten Hauptachse korreliert mit dem N-score nahezu vollständig. Eine Rotation der Matrix (vgl. Tab. 42, Anhang) zeigt, daß dieser Beschwerdekatalog eine Reihe von bekannten klinischen Syndromen abbildet. Es wird auch deutlich, daß die sechs GT-Skalen mit keinem dieser Faktoren von subjektiven Beschwerdebildern höher korrelieren. Allein Skala 4 (depressiv) zeigt auf dem achten Faktor eine höhere Ladung. Tendenzen, vermehrt subjektive Körperbeschwerden anzugeben, korrelieren nur unwesentlich mit negativer sozialer Resonanz (1), Gefügigkeit (2), Überkontrolle (3) und depressiver Verstimmung (4).

Es ist also in der klinisch-psychologischen Diagnostik in jedem Fall angezeigt, den GT mit anderen Testverfahren zusammen zu erheben, mit Verfahren, die sich mehr auf den somatischen Aspekt bei Neurosen beziehen.

In der klinischen Psychiatrie kann es nützlich sein, z. B. den MMPI gleichzeitig zu erheben, weil speziell psychotische Persönlichkeitsveränderungen durch den GT nicht erfaßt werden. Die MMPI-Skalen, die untereinander hoch korrelieren und sich mehr auf die Erfassung psychotischer Symptome beziehen (F, Pa, Sc und Ma), weisen nur geringe Beziehungen zu negativer sozialer Resonanz (1), depressiver Verstimmung (4) und Retentivität (5) auf (vgl. Tab. 43, Anhang).

Die MMPI-Skalen, die untereinander hoch korrelieren und sich auf den generellen Klagsamkeitsfaktor bei Neurosen (s. o.) beziehen (Hd, D, Hy und Pt), weisen keine durchgängigen Beziehungen zu den GT-Dimensionen auf. Allein die MMPI-Skalen D und Pt korrelieren mit der GT-Skala 4, signifikant (depressiv). Eine gemeinsame Faktorenanalyse der MMPI- und GT-Skalen bei N = 144 Neurotikern zeigt, das der MMPI, der vom Entwurf her durch eine psychiatrisch orientierte Diagnostik bestimmt ist, völlig andere Bereiche der Persönlichkeit im Vergleich zum GT erfaßt. Die Faktorenanalyse erbrachte drei MMPI- und fünf GT-Faktoren.

Es soll schließlich noch darauf hingewiesen werden, daß der GT insbesondere in Zusammenhang mit Interviews wertvolle diagnostische Aufschlüsse bringt, wie aus den verschiedenen Fallbeispielen in Kap. 6.2 deutlich wird.

Eine Reihe von neueren Ergebnissen zur differentiellen Validität des GT kann aus den Arbeiten entnommen werden, die im Literaturverzeichnis zitiert sind.

8. LITERATUR[1]

AHRENS, S., DEFFNER, G. und FEIEREIS, H.: Zur Differenzierung von Colitis- und Morbus Crohn-Kranken anhand psychosozialer Variablen. Zeitschrift für Psychosomatische Medizin und Psychoanalyse *32*, 301, 1986.

AHRENS, S. und LAMPARTER, U.: Objektale Funktion des Schmerzes und Depressivität. Psychotherapie, Psychosomatik, Medizinische Psychologie, *39*, 219, 1989.

ANDERSON, H. E. and BASHAW, W. L.: Further comments on the Internal Structure of the MMPI. Psychol. Bull. *66*, 211, 1966.

ANGERMEYER, M. C., RICHARTZ, M. und SCHWOON, D. R.: Die Eltern und ihr schizophren erkrankter Sohn – Eine Untersuchung zur Personenwahrnehmung. Psychotherapie Psychosomatik Medizinische Psychologie *32*, 141, 1982.

ANGERMEYER M. C., SCHWOON, D. R., RICHARTZ, M.: Krankheit und Familie – Selbst- und Fremdwahrnehmung von Eltern Schizophrener und somatisch Kranker im Gießen-Test. Der Nervenarzt *50*, 725, 1979.

ANTONS, K.: Soziomatische Kurwirkungen. Z. Psychosom. Med. 18, 369, 1972.

APPELT, H.: Partnerbeziehungen alkoholkranker Frauen, Partnerberatung Zeitschr. f. Ehe-, Familien- und Sexualtherapie *19*, 112, 1982.

ARENTEWICZ, G. SCHMIDT, G.: Sexuell gestörte Beziehungen. 2. neubearbeitete Auflage. Springer, Heidelberg 1986.

ATTNEAVE, F.: Informationstheorie in der Psychologie. Huber, Bern 1965.

BADURA, H. O. und STEINMEYER, E. M.: Objektivierung des Behandlungserfolges einer analytischen Gruppenpsychotherapie mit dem Gießen-Test. Psychother. Psychosom. *29*, 118, 1978.

BAERISWYL, P., TANNER, H.: Normierung und Validierung des Giessen-Testes bei 14- bis 18jährigen Jugendlichen der Deutsch- und Welschschweiz. Pädagogisches Institut der Universität Zürich, Sozialpädagogische Forschungsstelle, Zürich 1985.

BALCK, F., SPEIDEL, H.: Die Partnerbeziehung der Dialysepatienten. In: BALCK, F., KOCH, U., SPEIDEL, H. (Hrsg.): Psychonephrologie. Springer, Heidelberg, 1985.

BARTH, W., LADEMANN, D. und BÖTTCHER, H. R.: DDR-Fassung und Überprüfung des Gießen-Test. Wiss. Ztschr. Friedrich-Schiller-Univ. Jena. Ges.- u. Sprachwiss. R. *27*, 383, 1978.

BAYER, E.: Validierung des GT-Profils bei Ulcuskranken. Med.Diss., Gießen 1971.

BECKMANN, D.: Untersuchungen zur klinischen Urteilsbildung bei psychoanalytischen Interviews. Unveröffentl. Diss., Gießen 1968.

BECKMANN, D.: Über die Abhängigkeit des Einzelnen von Gruppenprozessen. Gruppendynamik *3*, 62, 1972.

BECKMANN, D.: Funktionale Struktur informeller Rollensystem. Psyche *27*, 718, 1973.

BECKMANN, D.: Der Analytiker und sein Patient – Untersuchungen zur Übertragung und Gegenübertragung. Huber, Bern 1974.

BECKMANN, D.: Selbst- und Fremdbild der Frau. Familiendynamik 2, 35, 1977.

BECKMANN, D.: Der Gießen-Test (GT) in der ärztlichen Praxis. Ärztl. Praxis *26*, 814, 1978.

BECKMANN, D.: Geschlechtsrollen und Paardynamik. In: PROSS, H. (Hrsg.): Familie – wohin? Rowohlt, Reinbeck 1979.

---

[1] Das Literaturverzeichnis enthält auch eine Auswahl nicht zitierter Arbeiten, bei denen der GT verwandt wurde. Eine ausführliche Bibliografie kann ab Ende 1990 über die Zentralstelle für Psychologische Information und Dokumentation der Universität Trier, Postfach 3825, 5500 Trier bezogen werden.

BECKMANN, D.: Zur Konstruktion des Gießen-Tests. In: BECKMANN, D. und RICHTER, H. E. (Hrsg.): Erfahrungen mit dem Gießen-Test (GT). Huber, Bern 1979.

BECKMANN, D.: Ehepaarbeziehung im Gießen-Test nach Geburt eines Risikokindes. Psychotherapie Psychosomatik Medizinische Psychologie 36, 159, 1986.

BECKMANN, D.: Vergleichende Forschung in der Nevenheilkunde und in der Psychosomatik. SFB 32 – Rückblick auf ein Teilprojekt (Gießen-Test) aus der Sicht eines Teilprojektleiters. Zeitschrift für Psychosomatische Medizin und Psychoanalyse 35, 328, 1989.

BECKMANN, D., BRÄHLER, E. und RICHTER, H. E.: Neustandardisierung des Gießen-Test (GT). Diagnostica 23, 287, 1977.

BECKMANN, D., BRÄHLER, E., RICHTER, H. E.: Der Gießen-Test (GT). Ein Test für Individual- und Gruppendiagnostik. Handbuch. 3. überarbeitete Auflage. Huber, Bern 1983.

BECKMANN, D. und DAVIES-OSTERKAMP, S.: Zur Erhebung des idealen Selbstbildes. In: BECKMANN, D. und RICHTER, H. E. (Hrsg.): Erfahrungen mit dem Gießen-Test (GT). Huber, Bern 1979.

BECKMANN, D. und JUNKER, H.: Ehepaarstrukturen im Gießen-Test (GT). Z. Psychother. med. Psychol. 23, 140, 1973.

BECKMANN, D. und MAACK, H.: Zum Problem der Personenwahrnehmung –Interaktionsdiagnostik mit dem Gießen-Test. Med. Psychol. 4, 114, 1978.

BECKMANN, D., MOELLER, M. L., RICHTER, H. E. und SCHEER, J. W.: Studenten – Wie sehen sie sich selbst, ihre Arbeit und die Universität. Analysen 1, 4, 1971.

BECKMANN, D. und RICHTER, H. E.: Zur Entstehung und Behandlung der Herzneurose. Ärztl. Praxis 46, 2374, 1965.

BECKMANN, D. und RICHTER, H. E.: Selbstkontrolle einer klinischen Psychoanalytikergruppe durch ein Forschungsprogramm. Z. Psychother. med. Psychol. 18, 201, 1968.

BECKMANN, D. und RICHTER, H. E. (Hrsg.): Erfahrungen mit dem Gießen-Test (GT) – Praxis, Forschung und Tabellen. Huber, Bern 1979.

BECKMANN, D., RICHTER, H. E. und SCHEER, J. W.: Kontrolle von Psychotherapieresultaten. Psyche 23, 850, 1969.

Behringer, A., Geimer, C., Brähler, E., Schmidt, O., Schüle, N. und BECKMANN, D.: Beziehungsstörungen bei Eltern von Patienten mit der Diagnose Schizophrenie. Nervenarzt 53, 268, 1982.

BERNT, H., SUDIK, R., BERNT W. D., SCHEUNEMANN, P.: Psychologische Untersuchungen steriler Ehepaare im Rahmen eines In-vitro-Fertilisationsprogrammes. Zentralblatt für Gynäkologie 110, 1424, 1985.

BISKUP, J.: Die psychosoziale Situation von Koronarpatienten. Peter-Lang-Verlag, Frankfurt 1982.

BLASER, A., MALOIGNEKATZ, B., GIGON, U.: Effect of Artificial-Insemination with donor semen on the psyche of the husband. Psychotherapy and Psychosomatics 49, 17, 1988.

BOCKEL, J.: Herzneurotiker und Herzinfarktpatienten in testpsychologischen Vergleichen. Med. Diss., Gießen 1968.

BRÄHLER, C.: Familie, Kinderwunsch, Unfruchtbarkeit, Westdeutscher Verlag, Opladen 1990.

BRÄHLER, C., BRÄHLER, E.: Der Einfluß von Patientenmerkmalen und Interviewverlauf auf die Therapieaufnahme – eine katamnestische Untersuchung zum psychotherapeutischen Erst-Interview. Zeitschrift für Psychosomatische Medizin und Psychoanalyse 2, 140, 1986.

BRÄHLER, E. und BECKMANN, D.: Stabilität der Gießen-Test-Skalen. Diagnostica 27, 110, 1981.

BRÄHLER, E., BECKMANN, D.: Die Erfassung von Partnerbeurteilungen mit dem Gießen-Test. Diagnostica 39, 184, 1984.

BRÄHLER, E., BRÄHLER, C.: Paardiagnostik mit dem Gießen-Test. In: CIERPKA, M. (Hrsg.): Familiendiagnostische Verfahren. Springer, Berlin-Heidelberg-New York, 303, 1988.

BRÄHLER, E., ERNST, R., BRÄHLER, C.: Typische Paarbeziehungsstrukturen im Gießen-Test. Psychotherapie Psychosomatik Medizinische Psychologie *36*, 187, 1986.

BRÄHLER, E., KUPFER, J.: Das Selbstkonzept älterer Menschen im Gießen-Test. Zeitschrift für Gerontopsychologie und Gerontopsychiatrie, 1991, in Druck.

BRÄHLER, E., MÖHLEN, K.: Psychodiagnostische Prädiktoren für die postoperative Prognose des Zwölffingerdarmgeschwürs. Psychotherapie Psychosomatik Medizinische Psychologie *38*, 153, 1988.

BRÄHLER E., MÖHRING, P.: Krankheitsverarbeitung und Paarbeziehung bei Genitalkrebspatientinnen jenseits der «5-Jahres-Heilung». In: MÖHRING, P. (Hg.): Leben mit Krebs. Springer, Heidelberg 1988.

BRÄHLER, E., OVERBECK, G., JORDAN, J.: Untersuchungen zur Paardynamik bei Ulkuskranken. In: OVERBECK, G., MÖHLEN, K., BRÄHLER, E. (Hrsg.): Psychosomatik der Ulkuskrankheit – Psychodiagnostik, soziales Arrangement und Prognose beim Ulcus duodeni. Springer, Heidelberg 1990.

BRÄHLER, E. und SCHEER, J. W.: Der Gießener Beschwerdebogen (GBB). Huber, Bern 1983.

BUDDEBERG, C., MERZ, J., FREI, R., LIMACHER, B., BRÄHLER, E.: Paarkonflikte in Ehen krebskranker Frauen. Familiendynamik *11*, 109, 1986.

CHRISTEN, S.: Untersuchungen zum Gießen-Test. Juris, Zürich 1986.

COHEN, R.: Systematische Tendenzen bei Persönlichkeitsbeurteilungen. Huber, Bern 1969.

CRONBACH, L. J. and GLESER, C.: Psychological test and personnel descisions. Univ. of Illinois Pr., Urbana 1965.

DAHLSTROM, W. G. and WELSH, G. S.: An MMPI handbook: A guide to use in clinical practice and research. Univ. Minn. Press. Minneapolis 1960.

DETER, H. C., SAMEITH, W., MAROSKA, U., FERNER, H., REINDELL, A.: Katamneseergebnisse von 64 Patienten – 5 Jahre nach der stationären psychosomatischen Behandlung. Zeitschrift für Psychosomatische Medizin und Psychoanalyse *32, 231, 1986.*

DÖRING, J.: Untersuchung bei Parkinson-Kranken über Attribuierungsprozesse in Partnerbeziehungen und über Auswirkungen von Angst. Psychotherapie Psychosomatik Medizinische Psychologie *34*, 140, 1984.

DOHMEN, P., DOLL, J.: Einstellungsstrukturen zu Personen und Politikern: Eine experimentelle Studie. Zeitschrift für Experimentelle und Angewandte Psychologie *31*, 419, 1984.

DÜHRSSEN, A.: Dynamische Psychotherapie, Psychoanalyse und analytische Gruppenpsychotherapie im Vergleich. Zeitschrift für Psychosomatische Medizin und Psychoanalyse *32*, 161, 1986.

EBELING, A., WALLIS, H.: Die Situation leukämiekranker Kinder und ihrer Familien. Monatsschrift für Kinderheilkunde *129*, 34, 1981.

ECKENSBERGER, D., OVERBECK, G., WOLFF, E.: Ein objektivierendes Verfahren zur diagnostischen Untergruppenbildung von Ulcuskranken. Zeitschrift für Psychosomatische Medizin und Psychoanalyse *23*, 371, 1977.

EDER, A., KEMETER, P., SPRINGER-KREMSER, M.: Cycle disturbance, psychosomatic complaints, and self-image: an analyses of interdependencies between self-perception and psychosomatic disturbances. Journal of Psychosomatic Obstetrics and Gynaecology 1, 103, 1982.

EDWARDS, A. L.: The Social Desirability Hypothese. Theoretical implications for Personality Measurement. In: MESSICK, S. und ROSS, J. (Eds.): Measurement in Personality and Cognition. Wiley, New York 1962.

EGLE, U. T., HOFFMANN, S. O., WENZEL, F.: Die Bedeutung des Mitralklappen-Prolaps in der Pathogenese der Herzangstneurose. Psychotherapie Psychosomatik Medizinische Psychologie *38*, 113, 1988.

EHLE, G., WAHLSTAB, A. und OTT, J.: Psychodiagnostische Befunde bei Anorexia nervos und post-pill Amenorrhoe. Psychiat. Neurol. med. Psychol. Leipzig *34*, 647, 1982.

ENGEL, K., SCHÄRER, K. und GILLI, G.: Psychologische Beurteilung der Eltern von Heimdialysekindern. Monatsschr. Kinderheilk. *127*, 86, 1979.

EICHHORN, H., HOLZNAGEL, G., NISCHAN, C.H., SCHRADER, A., STERN, G.: Über die Effektivität offener und geschlossener Gruppen. Psychiatrie, Neurologie und Medizinische Psychologie *30*, 665, 1978.

ENKE, H., LERMER, ST.: Selbsterleben von Gruppenmitgliedern im Spiegel empirischer Untersuchungsbefunde. Praxis der Psychotherapie *23*, 13, 1978.

ENZELSBERGER, H., METKA, M., HEYTMANEK, G.: Untersuchungen zur Psychosomatik an Frauen im Klimakterium. Geburtshilfe und Frauenheilkunde *49*, 289, 1989.

ERIKSON, E. H.: Wachstum und Krisen der gesunden Persönlichkeit. Klett, Stuttgart 1953.

ERMANN, M.: Die Persönlichkeit bei psychovegetativen Störungen. Klinische und empirische Ergebnisse. Springer, Heidelberg 1987.

FISCHER, G. H.: Psychologische Testtheorie. Huber, Bern 1968.

FLORU, L., FLORU, L.: Untersuchungen über das psychische Profil des Glaukompatienten und über die Wirkung des Langzeit-Pilocarpin-Trägers Ocusert. Klinische Monatsblätter für Augenheilkunde *174*, 1979.

FORDYCE, W. E.: Social Desirability in the MMPI. J. Consult. Psychol. *20*, 171, 1956.

GARNER, W. R.: Uncertainty and Structure as Psychological Concepts. Wiley, New York 1962.

GEIER, R., WITTSTOCK, C.: Psycho-soziale Untersuchungen an erwachsenen operierten Patienten mit einseitig-totalen Lippen-Kiefer-Gaumen-Segel-Spalten. Psychiatrie, Neurologie und Medizinische Psychologie *38*, 656, 1986.

GERLACH, I. und SCHEER, J. W.: Standardtabellen zum Gießen-Test. In: BECKMANN, D. und RICHTER, H. E. (Hrsg.): Erfahrungen mit dem Gießen-Test (GT). Huber, Bern 1979.

GIEGLER, H.: Entwicklung von «GT»-Kurzskalen zur empirischen Erfassung psychosozialer Konstrukte in den Sozialwissenschaften. Angewandte Sozialforschung *14*, 173, 1986.

GIELER, U., ERNST, R., FRITZ, J.: Mein Schuppenpanzer schützt mich! Persönlichkeitsbild und Körperbeschwerden bei Psoriasis-Patienten. Zeitschrift für Hautkrankheiten *61*, 572, 1986.

GOEBEL, P.: Einfachabbruch – Mehrfachabbruch, ein Vergleich. Psychotherapie Psychosomatik Medizinische Psychologie *36*, 83, 1986.

GOLETZ, E.: Ambulante psychosoziale Betreuung von Patienten mit funktionellen Störungen bei CVI und Neurose im höheren Lebensalter – ein Erfahrungsbericht. Zeitschrift für Klinische Medizin *44*, 2229, 1989.

GRAW, P., KLÄR, A.: Opiatabhängige im Gießen-Test. Normative und entwicklungsdynamische Aspekte. Drogen und Alkohol *3*, 42, 1984.

GÜTTEL, B., RADBAUER, L.: Persönlichkeitsmerkmale und Wahrnehmungen von Bezugspersonen von Zwangs- und Phobiepatienten. Psychotherapie Psychosomatik Medizinische Psychologie *38*, 131, 1988.

HÄUSER, W.: Psychosomatische Aspekte des Morbus Crohn. Psychotherapie Psychosomatik Medizinische Psychologie *35*, 273, 1985.

HAMMON, CH.: Einflüsse von Kur und Psychotherapie auf das Selbstbild von Kurpatienten. Rehabilitation *20*, 119, 1981.

HARMAN, H. H.: Modern Factors Analysis. University of Chicago Press, Chicago 1960.

HARTMANN-KOTTEK, L.: Medizinische Studienanfänger: Selbstverständnis und berufliches Leitbild. Med. Welt *28*, 955, 1977.

HEISING, G. und BECKMANN, D.: Gegenübertragungsreaktionen bei Diagnose- und Indikationsstellung. Z. Psychother. med. Psychol. *21*, 2, 1971.

HELL, D.: Ehen depressiver und schizophrener Menschen. Eine vergleichende Studie an 103 Kranken und ihren Ehepartnern. Springer-Verlag, Berlin-Heidelberg-New York 1982.

HENTSCHEL, U., BURKAT-AUSTEN, S.: Der Patient und sein Psychotherapeut: Eine Analoguntersuchung zur Therapiewahl und Überlegung. Zur Bedeutsamkeit der Personenwahrnehmung in der Psychotherapie. Zeitschrift für Psychosomatische Medizin *29*, 321, 1983.

HERRMANN, A. P.: Das Vaterbild psychosomatisch Kranker. Springer, Heidelberg 1986.

HERRMANN, H., WILD, G., SCHUMACHER, T., UNTERBERG, H., KELLER, E.: Psychosoziale Situation von Ehepaaren vor der artifiziellen Insemination mit Donorsamen. Geburtshilfe und Frauenheilkunde *44*, 719, 1984.

HERRMANN, H., ANDERER, M., NEESER, E.: Psychologische Überlegungen zu Wunsch nach Refertilisierung. Geburtshilfe und Frauenheilkunde *45*, 170, 1985.

HEY, G.: Das Selbstbild Alkoholabhängiger aus einer Nachsorgeeinrichtung und einer Fachklinik im Vergleich – ein empirischer Beitrag der Persönlichkeitsstruktur Süchtiger. Suchtgefahren *33*, 405, 1987.

HEYDEN, T., SCHMECK-KEßLER, K., SCHREIBER, H. J.: Spezifische Persönlichkeitsmerkmale von Schlafgestörten. Zeitschrift für Klinische Psychologie *13*, 288, 1984.

HILTMANN, H.: Kompendium der psychodiagnostischen Test. Huber, Bern 1966.

HINZE, E., KRÜGER, H.: Das Herzangstsyndrom bei alten Patienten. Zeitschrift für Gerontologie *14*, 34, 1981.

HOBI, V.: Zur Faktorenstruktur der Mehrdimensionalen Persönlichkeitsinventare MMPI, 16-PF, FPI und GT. Psychiatrie, Neurologie und Medizinische Psychologie *35*, 236, 1983.

HOLLING, H. und LIEPMANN, D.: Testtheoretische Analysen zum Gießen-Test (GT). Diagnostica *25*, 257, 1979.

HORST, P.: Factor Analysis of Data Matrices. Holt, Rinehart, Winston, New York 1965.

HUBER, H.P., ROTH, R., NEDETZKY, M.: Psychosoziale Dependenz, Selbstbild und Kontaktverhalten: Eine empirische Studie an Schizophrenen. Zeitschrift für Differentielle und Diagnostische Psychologie *7*, 59, 1986.

JANSSEN, P. L., KUKAHN, R., SPIELER, K. H., WEISSBACH, L.: Psychosomatische Untersuchungen zur chronischen Prostatitis. Zeitschrift für Psychosomatische Medizin und Psychoanalyse *29*, 253, 1983.

KASPER, H.: Der Innovationsprozess in Abhängigkeit von der psychosozialen Konstellation von Managern und deren Arbeitszufriedenheit – Ergebnisse einer empirischen Studie. Psychologie und Praxis *29*, 52, 1985.

KEMETER, P.: In-vitro-Fertilisation – der Einfluß von psychischen Belastungen. In: KEMETER, P., LEHMANN, F. (Hrsg.): Psychosomatik der Infertilität. Springer, Heidelberg 1989.

KEMPER, J., KÜFNER, H., MAUL, CH.: Auswirkungen analytischer Selbsterfahrungsgruppen. Eine empirische Untersuchung über Veränderungen im Selbstbild von Gruppenteilnehmern. Gruppenpsychotherapie und Gruppendynamik *17*, 173, 1981.

KIPNOWSKI, A. und KIPNOWSKI, H. J.: Psychosomatische Aspekte bei genetisch determinierter Krankheit: eine Untersuchung an erwachsenen Hämophilen. Psychother. med. Psychol. *29*, 178, 1979.

KIPNOWSKI, J., KIPNOWSKI, A.: Biographische und testpsychologische Ergebnisse bei Patienten mit chronisch rezidivierender Colitis ulcerosa. Psychotherapie Psychosomatik Medizinische Psychologie *32*, 31, 1982.

KLAPP, B. F.: Psychosoziale Intersivmedizin. Untersuchung zum Spannungsfeld von medizinischer Technologie und Heilkunde. Springer, Heidelberg 1985.

KLOSINSKI, G.: Der «Rajneeshismus» oder die «Psychologie der Buddhas» als Psychotherapiealternative für akademische Aussteiger? Psychotherapie, Psychosomatik, Medizinische Psychologie *36*, 205, 1986.

KLUßMANN, R.: Psychosomatische Aspekte der Gicht. Vandenhoeck & Ruprecht, Göttingen 1983.

KOBEL, C.: Selbst- und Fremdbild von Alkoholikern. Eine psychologische Studie mit dem Gießen-Test. Suchtprobleme und Sozialarbeit *51*, 120, 1983.

KOCH, U., SPEIDEL, H.: Selbst- und Fremdbildveränderungen unter der Dialyse. In: BALCK, F., KOCH, U., SPEIDEL, H. (Hrsg.): Psychonephrologie. Springer, Heidelberg 1985.

KORDY, H.: Über den Umgang mit Beobachtungen in der Psychologie: Zum Verhältnis von Beobachtungen, Modellkonstruktion und Strukturerkenntnis. Diss Heidelberg Lang, Frankfurt 1986.

KORDY, H., SENF, W., V. RAD, M.: Time and its relevance for a successfull psychotherapy. Psychotherapy and Psychosomatics *49*, 1988.

KÜNSEBECK, H. W., SCHÖL, R.: Geschlechtsspezifische Einflüsse in der Gruppenpsychotherapie im Rahmen eines stationären Behandlungssettings. Gruppenpsychotherapie und Gruppendynamik *21*, 99, 1985.

KRÜGER, H. J., STEINMANN, J., STETEFELD, G., POLKOWSKI, N. und HALAND-WIRTH, T.: Studium und Krise. Campus, Frankfurt 1986.

KRAUSS, F., ÜBERLA, K. und WARNCKE, W.: Auswertung des Gießen-Tests bei einer repräsentativen Stichprobe von Frauen zwischen 12 und 45 Jahren. – Faktorenstruktur und Test-Retest-Korrelationen. Diagnostica, *26*, 74, 1980.

KUDA, M.: Untersuchungen zur Faktorenstruktur des Gießen-Test. Schweizerische Z. f. Psychologie *35*, 285, 1976.

KUDA, M.: Suizidalität bei Studierenden: Zur Genese und Psychopathologie. Medizin, Mensch, Gesellschaft *4*, 234, 1984.

LAMPRECHT, F., DEMEL, H.J., RIEHL, A.: Psychosomatische Befunde bei orofacialem Schmerzdysfunktionssyndrom. Zeitschrift für Psychosomatische Medizin und Psychoanalyse *32*, 382, 1986.

LESSEL, F.: Zur Veränderungsmessung mit dem Gießen-Test in Test-Retest-Situationen. Diagnostica *27*, 227, 1981.

LIENERT, G. A.: Verteilungsfreie Verfahren in der Biostatistik. Hain, Meisenheim 1962.

LIENERT, G. A.: Testaufbau und Testanalyse. Beltz, Weinheim/Berlin 1967.

LIEPMANN, D. und HOPPE, S.: Einige empirische Befunde zur faktoriellen Struktur des Gießen-Test (GT). Diagnostica *22*, 26, 1976.

LÖHR, F.-J. und ANGLEITNER, A.: Eine Untersuchung zu sprachlichen Formulierungen der Items in deutschen Persönlichkeitsfragebogen. Z. diff. diagn. Psychol. *1*, 217, 1980.

MEYER, A., GOEBEL, P., BRÄHLER, E.: Zur Paardynamik von sterilisierten Frauen und Männern mit Refertilisierungswunsch. In: BRÄHLER, E., MEYER, A. (Hrsg.): Partnerschaft, Sexualität und Fruchtbarkeit. Springer, Heidelberg 1988.

MIKULA, F. und SCHULTER, G.: Polaritätenauswahl, verbale Begabung und Einstufung mit Polaritätsprofil. Z. exp. angew. Psychol. *17*, 371, 1970.

MÖHLEN, K., BRÄHLER, E.: Beschwerdebild und Selbstkonzept von Patienten mit Ulcus duodeni vor und 4 Jahre nach einer Operation. Zeitschrift für Psychosomatische Medizin und Psychoanalyse *30*, 150, 1984.

MÖHRING, P., BRÄHLER, E.: Paarbeziehung und Krankheitsverarbeitung bei Hodenkarcinompatienten jenseits der 5-Jahresheilung. In: VERRES, R., HASENBRING, M. (Hrsg.). Psychosoziale Onkologie. Jahrbuch der medizinischen Psychologie Band 3. Springer, Heidelberg 1989.

MOELLER, M.L.: Der Gießen-Test im therapeutischen Dialog. In: BECKMANN, D. und RICHTER, H.E. (Hrsg.): Erfahrungen mit dem Gießen-Test (GT). Huber, Bern 1979.

MOELLER-GAMBAROFF, M. und MOELLER, M.L.: Veränderungen von Paarbeziehungen durch Gruppenanalyse. Ein empirischer Ansatz. Familiendynamik *3*, 47, 1978.

MOELLER, M. L. und SCHEER, J. W.: Psychotherapeutische Studentenberatung. Probleme der Klienten – Problematik der Institution. Thieme Verlag, Stuttgart 1974.

NERAAL, T., MEYER, A., BRÄHLER, E.: Beziehungsmuster von Eltern psychisch gestörter Kinder. Partnerberatung *21*, 90, 1984.

ORTH, H., RITZ, E., VOLLRATH, P. und ANDRÁSSY, K.: Akutes Nierenversagen bei Diuretika- und Laxantienabusus. Inn. Med. *1*, 21, 1974.

OVERBECK, G.: Über Gemeinsamkeiten von Ulkuskranken und Herzneurotikern im klinisch-psychotherapeutischen Bild und in der Testpsychologie. Dynamische Psychiatrie *6*, 326, 1973.

PAYK, T. R., VONNEGUTH, B.: Untersuchungen zum Erfolg stationärer Psychotherapie. Zeitschrift für Psychosomatische Medizin und Psychoanalyse *33*, 32, 1987.

PFLEGER, H., SEIDL, O.: Psychosomatische Faktoren bei der Entstehung des systemischen Lupus erythematodes. Münchner Medizinische Wochenschrift *124*, 831, 1982.

PLANZ, S. und MAXION, H.: Ergebnisse einer Untersuchung mit drei Persönlichkeitsinventaren bei 80 Migränepatienten. Nervenarzt *49*, 357, 1978.

PONGRATZ, J.: Leitsymptom: Wirbelsäulenschmerzen – Eine psychosomatische Studie. Zschr. psychosom. Med. *26*, 12, 1980.

POTHIG, D., HOCHAUF, R., MICHALAK, U.: Untersuchungen mit dem Gießen-Test zur Alternsdynamik sozialen Verhaltens. ZFA 40, 245, 1985.

RAD, M. v.: Alexithymie. Empirische Untersuchungen zur Diagnostik und Therapie psychosomatisch Kranker. Monographien aus dem Gesamtgebiet der Psychiatrie *30*, Springer Heidelberg, 1983.

v. RAD, M. und WERNER, K.-H.: Kombinierte analytische Gruppentherapie bei psychosomatischen und psychoneurotischen Patienten. Gruppenpsychother. Gruppendyn. *16*, 321, 1981.

RADEBOLD, H., RASSEK, M., SCHLESINGER-KIPP, G., TEISING, M.: Zur psychotherapeutischen Behandlung älterer Menschen. Lambertus, Freiburg 1987.

RAUCHFUSS, M.: Psychosomatische Aspekte der Infertilität – Ansätze in Diagnostik und Therapie. In: FRANKE, P. R., KNORRE, P. (Hrsg.): Psychologische Probleme in Gynäkologie und Geburtshilfe III. Tagungsband Zwickau 1988.

REITER, L.: Gestörte Paarbeziehungen. Theoretische und empirische Untersuchungen zur Ehepaardiagnostik. Verlag für Medizinische Psychologie im Verlag Vandenhoeck & Ruprecht, Göttingen 1983.

RICHTER, G., RICHTER, J.: Social relationships reflected by depressive inpatients. Acta Psychiatrica Scandinavia 80, 573, 1989.

RICHTER, H. E.: Die narzißtischen Projektionen der Eltern auf das Kind. Jahrbuch der Psychoanal. *1*, 62, 1960.

RICHTER, H. E.: Eltern, Kind und Neurose. Klett, Stuttgart 1963. Rowohlt, Reinbek 1969.

RICHTER, H. E.: Zur Theorie und Therapie von Familienneurosen aus psychoanalytischer Sicht. Nervenarzt *37*, 1, 1966.

RICHTER, H. E.: Familientherapie. Psychother. Psychosom. *16*, 203, 1968.

RICHTER, H. E.: Patient Familie. Rowohlt, Reinbek 1970.

RICHTER, H. E.: Familienkonflikte und Krankheit. D. Med. Journal *21*, 1437, 1970.

RICHTER, H. E.: Die Anwendung des Gießen-Test in der analytischen Zwei-Wochen-Therapie. In: BECKMANN, D. und RICHTER, H. E. (Hrsg.): Erfahrungen mit dem Gießen-Test (GT). Huber, Bern 1979.

RICHTER, H. E. und BECKMANN, D.: Zur Psychologie und Therapie der Herzneurose. Verh. deutsch Fes. inn. Med. *73*, 181, 1967.

RICHTER, H. E. und BECKMANN, D.: Herzneurose, Thieme, Stuttgart 1969.

RICHTER, H. E. und WIRTH, H. J.: Sieben Jahre Erfahrung mit der analytischen Zwei-Wochen-Therapie. Familiendynamik *3*, 20, 1978.

RIEDELL, H., BRÄHLER, E.: Prostatitis und Ehepaarbeziehung. In: BRUNNER, H., KRAUSE, W., ROTHAUGE, C. F., WEIDNER, W. (Hrsg.): Chronische Prostatitis. Schattauer, Stuttgart 1983.

RIEHL, A.: Prognose und Behandlungserfolg bei psychosomatischen Erkrankungen. Praxis der Psychotherapie und Psychosomatik *30*, 318, 1985.

RINGLER, M., JANDL-JAGER, E.: Report from the Viennese Project. Outcome Research in Psychotherapy. Psychotherapy and Psychosomatics *40*, 232, 1983.

ROSIN, U.: Balint-Gruppen: Konzeption – Forschung – Ergebnisse. Springer, 1989.

ROTT, H.-D., ERZIGKEIT, H. und ARNOLD, K.: Partnerschaftskonflikte bei genetischer Belastung. Versuch einer testpsychologischen Objektivierung bei 48 Paaren, die genetisch beraten wurden. Öff. Gesundh.-Wesen *43*, 105, 1981.

RÜGER, U.: Intrapsychische und familiendynamische Prozesse vor der manifesten Erkrankung und während der Lithium-Therapie einer endogenen Depression. Z. Psychosom. Med. Psychoanal. *23*, 329, 1977.

RUFF, W., WERNER, H.: Behandlungsabbrüche in der stationären Psychotherapie. Zeitschrift für Psychosomatische Medizin und Psychoanalyse *34*, 125, 1988.

SCHEER, J. W.: Selbstbild und Berufsideal bei Schwesterschülerinnen. Unveröffentl. Manuskript, Gießen 1969.

SCHEER, J. W.: Ein faktorenanalytisches Verfahren zur Untersuchung von Gruppenstrukturen mit dem Gießen-Test. In: BECKMANN, D. und RICHTER, H. E. (Hrsg.): Erfahrungen mit dem Gießen-Test (GT). Huber, Bern 1979.

SCHMIDT, H.-G.: Psychotherapie in der Kurpraxis. Physikal. Med. Rehabil. *14*, 253, 1979.

SCHULZE, K.: Veränderungen des Selbstbildes alkoholkranker Männer nach 6 Monaten stationärer Entwöhnungsbehandlung. Suchtgefahren *29*, 355, 1983.

SEEBACH-HERBERTH, J., ELZER, M., KOPPAI, J., JORDAN, J.: Selbst- und Fremdbildwahrnehmung von Eltern mit einem psychosomatisch kranken Kind im Gießen-Test (GT). In: OVERBECK, G. (Hrsg.): Familien mit psychosomatisch kranken Kindern. Vandenhoeck & Ruprecht, Göttingen 1985.

SENF, W.: Behandlungsergebnisse bei 111 Patienten mit stationär-ambulanter psychoanalytisch orientierter Psychotherapie. In: HEIMANN, H., GÄRTNER, H. J. (Hrsg.): Das Verhältnis der Psychiatrie zu ihren Nachbardisziplinen. Springer, Heidelberg 1986.

SHANNON, C. E. and WEAVEN, W.: The Mathematical Theory of Communication. Chicago 1949.

SPEIDEL, H., KOCH, U., BALCK, F. und KNIESS, H.: Problems in Interaction between Patients Undergoing Long-Term Hemodialysis and Their Partners. Psychother. Psychosom. *31*, 235, 1979.

STAUBER, M.: Psychosomatik der sterilen Ehe. Reihe: Fortschritte der Fertilitätsforschung, Bd. 7, Große-Verlag, Berlin 1979.

TEUWSEN, E., STEINBACH, V.: Diagnostik und Psychotherapie in der Studentenberatung Untersuchungen mit dem Gießen-Test. Zeitschrift für Klinische Psychologie *8*, 213, 1979.

VOLLMOELLER, W., RETTIG, K.: Psychotherapeutische Konsiliardiensttätigkeit: Objektivierung- und Supervisionsversuche mit dem Gießen-Test (GT). Medizinische Psychologie *8*, 152, 1982.

WERTZEL, H., VOLLRATH, P., RITZ, E. und FERNER, H.: Analysis of patient-nurse interaction in hemodialysis units. J. Psychosom. Res. *21*, 359, 1977.

WILDMAN, R. W. and WILDMAN, R. W. II: The Practice of Clinical Psychology in the United States. J. Clin. Psychol. *23*, 292, 1967.

WIMMER-PUCHINGER, B.: Schwangerschaft und Streß. Psychologie in Österreich *6*, 71, 1986.

WISTUBA, F.: Significance of allergy in asthma from a behavorial medicine viewpoint. Psychotherapy and Psychosomatics 45, 186, 1986.

WYNNE, L. C.: Some Indications and Contraindications for Exploratory Family Therapy. In: J. BÖSZÖRMÉNYI-NAGY and J. L. FRAMO (Eds.): Intensive Family Therapy. New York 1965.

ZENZ, H.: Empirische Befunde über die Gießener Fassung einer Beschwerdeliste. Z. Psychother. med. Psychol. *21*, 8, 1971.

9. VERZEICHNIS DER FIGUREN

10. VERZEICHNIS DER TABELLEN

11. TABELLEN

Tab. 21: Standardisierung (18.–60. Lj, N = 1546)

Item	$\bar{x}$	s	
1	4.439	1.863	A, G×A
2	2.967	1.695	A
3	3.428	1.417	G, B
4	3.746	1.666	G, A
5	4.445	1.619	G, B
6	4.275	1.782	B
7	3.931	1.560	G, B
8	3.136	1.544	G
9	2.630	1.302	
10	3.488	1.473	B, G×A, G×B
11	3.585	1.588	A
12	4.768	1.536	A
13	3.009	1.608	A
14	3.092	1.483	G, B
15	4.034	1.475	
16	4.688	1.461	
17	3.341	1.739	
18	4.267	1.618	G, A
19	3.783	1.647	A
20	3.558	1.452	G, A, G×A, A×B
21	4.349	1.577	G, A, B
22	4.727	1.571	B, G×A
23	5.020	1.319	G×B
24	3.852	1.552	G, A
25	4.731	1.373	G
26	3.361	1.481	B
27	4.709	1.562	G, A
28	5.143	1.478	
29	3.323	1.456	
30	2.817	1.425	A, G×A×B
31	3.960	1.442	B, G×A
32	4.600	1.442	G, A, A×B
33	5.002	1.400	
34	3.019	1.369	A
35	4.157	1.609	A, B, G×A×B
36	3.039	1.395	B
37	4.572	1.370	G, A×B
38	3.235	1.483	A
39	4.684	1.642	A
40	2.937	1.559	A, G×A
$\bar{x}$	3.896	1.525	
s	0.721	0.123	

A: altersabhängig   A×G, A×B, G×B, A×G×B: Interaktionen
G: geschlechtsabhängig
B: bildungsabhängig

Tabelle 22:
Standardisierung, männlich-weiblich (18–60 Jahre)

Item	männlich n = 724		weiblich n = 822	
	x	s	x	s
1	4,43	1,84	4,45	1,88
2	2,96	1,68	2,97	1,71
3	3,23	1,35	3,60	1,45
4	3,91	1,63	3,61	1,68
5	4,32	1,53	4,56	1,68
6	4,26	1,75	4,29	1,81
7	3,79	1,58	4,05	1,54
8	2,75	1,46	3,47	1,54
9	2,58	1,30	2,67	1,30
10	3,45	1,44	3,52	1,50
11	3,66	1,52	3,52	1,64
12	4,68	1,54	4,84	1,53
13	3,00	1,58	3,02	1,63
14	2,96	1,46	3,21	1,50
15	4,06	1,45	4,02	1,50
16	4,68	1,42	4,69	1,50
17	3,36	1,71	3,32	1,77
18	4,19	1,60	4,34	1,63
19	3,79	1,60	3,77	1,69
20	3,63	1,37	3,50	1,52
21	4,27	1,54	4,42	1,61
22	4,66	1,55	4,78	1,59
23	5,03	1,25	5,01	1,37
24	3,93	1,55	3,78	1,56
25	4,65	1,33	4,81	1,40
26	3,37	1,40	3,36	1,55
27	4,26	1,49	5,11	1,52
28	5,14	1,50	5,14	1,46
29	3,26	1,41	3,38	1,49
30	2,87	1,36	2,77	1,48
31	4,01	1,36	3,91	1,51
32	4,39	1,41	4,78	1,44
33	5,05	1,39	4,96	1,41
34	3,05	1,35	2,99	1,39
35	4,10	1,57	4,21	1,65
36	3,03	1,34	3,05	1,45
37	4,47	1,34	4,66	1,39
38	3,18	1,45	3,28	1,51
39	4,62	1,62	4,74	1,66
40	2,94	1,53	2,94	1,58

Tabelle 23:
Standardisierung, 18.–34. und 35.–60. Lj.

Item-Nr.	18.–34. Lj. n = 665		35.–60. Lj. n = 881	
	x	s	x	s
1	4,30	1,81	4,55	1,90
2	2,85	1,65	3,06	1,72
3	3,47	1,35	3,39	1,47
4	3,87	1,65	3,66	1,67
5	4,56	1,61	4,36	1,62
6	4,41	1,77	4,18	1,79
7	3,86	1,52	3,99	1,59
8	3,08	1,45	3,18	1,61
9	2,67	1,29	2,60	1,31
10	3,46	1,42	3,51	1,52
11	3,40	1,59	3,73	1,57
12	4,92	1,48	4,66	1,57
13	3,24	1,62	2,83	1,58
14	3,05	1,43	3,12	1,52
15	3,97	1,47	4,09	1,47
16	4,80	1,41	4,61	1,50
17	3,37	1,73	3,32	1,75
18	4,17	1,52	4,34	1,69
19	3,66	1,64	3,88	1,65
20	3,77	1,46	3,40	1,42
21	4,08	1,56	4,55	1,56
22	4,62	1,58	4,81	1,56
23	5,03	1,27	5,01	1,36
24	4,11	1,51	3,66	1,55
25	4,81	1,28	4,68	1,44
26	3,35	1,51	3,37	1,46
27	4,87	1,52	4,59	1,58
28	5,18	1,42	5,12	1,52
29	3,28	1,45	3,35	1,46
30	2,69	1,42	2,91	1,43
31	4,09	1,46	3,86	1,42
32	4,52	1,42	4,66	1,46
33	5,03	1,36	4,98	1,43
34	2,83	1,37	3,16	1,35
35	3,98	1,59	4,29	1,61
36	3,02	1,37	3,06	1,42
37	4,60	1,40	4,55	1,35
38	3,32	1,47	3,17	1,40
39	4,91	1,53	4,51	1,70
40	2,78	1,53	3,05	1,57

Tab. 24: Standardisierung für männlich (18.–34. und 35.–60. Lj.) und für weiblich (18.–34. und 35.–60. Lj.)

Item-Nr.	Männlich				Weiblich			
	18.–34. Lj. n = 284		35.–60. Lj. n = 440		18.–34. Lj. n = 381		35.–60. Lj. n = 441	
	$\bar{x}$	s	$\bar{x}$	s	$\bar{x}$	s	$\bar{x}$	s
1	4,51	1,77	4,38	1,89	4,14	1,82	4,71	1,90
2	2,81	1,62	3,06	1,72	2,87	1,68	3,06	1,73
3	3,29	1,27	3,20	1,41	3,61	1,39	3,59	1,50
4	4,05	1,64	3,82	1,62	3,74	1,65	3,49	1,70
5	4,45	1,49	4,23	1,56	4,64	1,68	4,49	1,68
6	4,32	1,74	4,22	1,76	4,47	1,79	4,13	1,82
7	3,76	1,61	3,81	1,55	3,93	1,44	4,16	1,61
8	2,70	1,36	2,79	1,53	3,36	1,45	3,57	1,60
9	2,58	1,30	2,58	1,31	2,73	1,27	2,63	1,32
10	3,35	1,36	3,51	1,49	3,54	1,45	3,51	1,55
11	3,50	1,55	3,77	1,50	3,33	1,61	3,69	1,65
12	4,86	1,47	4,57	1,57	4,96	1,49	4,74	1,56
13	3,17	1,61	2,89	1,56	3,30	1,63	2,77	1,59
14	2,81	1,33	3,06	1,53	3,23	1,48	3,18	1,51
15	4,01	1,52	4,09	1,40	3,94	1,44	4,08	1,55
16	4,83	1,40	4,59	1,42	4,77	1,42	4,63	1,57
17	3,45	1,74	3,30	1,69	3,30	1,72	3,34	1,81
18	4,10	1,52	4,24	1,65	4,23	1,51	4,44	1,73
19	3,67	1,58	3,87	1,61	3,65	1,69	3,88	1,68
20	3,74	1,39	3,56	1,35	3,80	1,52	3,23	1,47
21	4,08	1,52	4,39	1,53	4,08	1,59	4,71	1,57
22	4,68	1,61	4,65	1,51	4,57	1,55	4,97	1,60
23	5,04	1,21	5,03	1,28	5,03	1,31	5,00	1,43
24	4,17	1,52	3,78	1,54	4,06	1,51	3,54	1,56
25	4,80	1,20	4,55	1,41	4,81	1,34	4,80	1,46
26	3,37	1,43	3,37	1,38	3,33	1,57	3,38	1,54
27	4,45	1,44	4,13	1,51	5,18	1,51	5,04	1,53
28	5,22	1,41	5,10	1,56	5,15	1,43	5,14	1,48
29	3,22	1,39	3,28	1,43	3,33	1,49	3,43	1,49
30	2,71	1,34	2,98	1,36	2,68	1,48	2,84	1,49
31	3,99	1,36	4,03	1,36	4,17	1,53	3,69	1,46
32	4,31	1,35	4,45	1,45	4,68	1,45	4,87	1,44
33	5,13	1,34	4,99	1,43	4,96	1,38	4,97	1,43
34	2,90	1,36	3,15	1,34	2,78	1,39	3,17	1,37
35	3,94	1,55	4,21	1,57	4,01	1,63	4,37	1,64
36	2,97	1,31	3,07	1,36	3,05	1,41	3,05	1,48
37	4,43	1,42	4,51	1,28	4,72	1,37	4,60	1,41
38	3,28	1,44	3,12	1,45	3,35	1,49	3,22	1,53
39	4,79	1,51	4,51	1,67	5,00	1,54	4,52	1,74
40	2,88	1,51	2,97	1,55	2,71	1,55	3,14	1,59

Tab. 25: Varianzanalysen zur Geschlechts-, Alters- und Bildungsabhängigkeit der Items (F-Werte)

Item-Nr.	Geschlecht (G)	Alter (A)	Bildung (B)	(G×A)	(G×B)	(A×B)	(G×A×B)
1	.19	6.43 *	.01	9.66 *	1.59	2.63	2.59
2	.06	4.84 *	1.32	.33	1.75	.04	.27
3	25.48 ***	2.88	16.74 ***	.11	.00	.43	1.20
4	12.80 ***	9.33 **	1.32	.04	3.32	.65	.48
5	6.88 **	1.91	6.17 *	.15	.90	.88	2.08
6	.01	1.73	9.88 **	1.31	.14	.02	1.64
7	11.29 ***	.13	25.47 ***	2.22	2.09	.38	.17
8	91.51 ***	2.28	1.36	.65	.20	.00	.01
9	1.91	.15	.02	.61	.01	.46	.07
10	1.55	.01	6.50 *	4.95 *	6.05 *	1.60	.21
11	2.25	16.18 ***	.00	.43	.11	.00	.87
12	3.18	9.02 **	.03	.15	.24	.51	.22
13	.06	19.75 ***	.06	1.08	1.36	.19	.50
14	11.21 ***	.22	4.79 *	2.70	2.00	1.74	.17
15	.11	1.94	.46	.05	.05	.51	.01
16	.03	3.80	1.12	.44	.19	2.41	2.23
17	.26	.08	.28	1.06	.00	.08	.63
18	4.34 *	6.06 *	2.99	.11	.05	.12	1.91
19	.00	5.43 *	.01	.00	.12	.17	.09
20	4.66 *	25.03 ***	.13	8.47 **	2.41	4.16 *	.00
21	5.72 *	23.90 ***	11.68 ***	3.11	.10	.10	.00
22	3.30	2.22	9.95 **	5.30 *	.15	.97	.06
23	.14	.02	3.58	.44	4.24 *	.19	1.27
24	5.48 *	26.66 ***	1.82	.25	.47	.96	.82
25	4.86 *	2.62	.00	2.71	.04	1.45	.32
26	.00	.16	7.24 **	.03	.10	.98	2.30
27	117.99 ***	9.58 **	.49	.47	1.93	.00	.17
28	.00	.46	.05	.42	.01	.10	.00
29	3.45	.65	.04	.39	3.50	.77	2.79
30	1.78	6.70 **	1.53	.14	.82	2.63	4.88 *
31	2.77	2.38	34.18 ***	9.58 **	.23	.06	.99
32	31.15 ***	4.57 *	.63	.10	.02	3.98 *	.01
33	1.24	.09	3.65	.87	.00	.29	.01
34	.20	16.96 ***	2.43	.87	.19	2.38	.43
35	2.92	7.17 **	11.33 ***	.39	1.16	.26	7.46 **
36	.23	.07	7.83 **	.79	.01	.19	1.05
37	6.16 *	.01	2.57	2.62	1.49	3.92 *	.53
38	1.64	4.25 *	3.03	.38	2.64	.43	.02
39	1.38	21.64 ***	.21	.42	2.50	.48	.15
40	.04	9.06 **	3.17	5.65 *	.48	3.52	.04

***: p < .001
** : p < .01
* : p < .05

Tabelle 26:
Gesonderte Standardisierung für die Altersgruppe 60.–90. Lj.

Item-Nr.	Männlich 60.–90. Lj. N = 194		Weiblich 60.–90. Lj. N = 240	
	x	s	x	s
1	4,66	1,89	5,08	1,77
2	3,51	1,77	3,54	1,85
3	3,41	1,53	4,01	1,47
4	3,53	1,74	3,37	1,89
5	4,40	1,58	4,70	1,65
6	3,90	1,82	3,54	1,75
7	4,39	1,65	4,65	1,77
8	2,84	1,53	3,90	1,67
9	2,75	1,50	2,96	1,35
10	3,69	1,58	3,58	1,50
11	4,13	1,51	4,33	1,54
12	4,64	1,59	4,28	1,66
13	2,41	1,49	2,33	1,37
14	3,19	1,59	3,70	1,65
15	4,17	1,54	4,23	1,52
16	4,40	1,55	4,61	1,45
17	3,38	1,75	3,78	1,87
18	4,45	1,72	4,74	1,50
19	4,17	1,72	4,29	1,64
20	3,52	1,49	3,37	1,31
21	4,75	1,55	4,83	1,44
22	5,02	1,55	5,41	1,40
23	5,06	1,34	4,86	1,26
24	3,83	1,54	3,58	1,50
25	4,71	1,41	4,60	1,41
26	3,47	1,52	3,70	1,44
27	3,94	1,54	4,63	1,41
28	5,07	1,67	4,56	1,52
29	3,33	1,44	3,64	1,47
30	3,16	1,50	3,37	1,41
31	3,79	1,44	3,55	1,44
32	4,65	1,38	4,91	1,47
33	5,03	1,83	4,74	1,39
34	3,65	1,56	4,07	1,46
35	4,46	1,71	4,64	1,64
36	3,13	1,51	3,53	1,52
37	4,30	1,32	4,35	1,29
38	3,04	1,63	3,30	1,48
39	4,27	1,58	4,10	1,65
40	2,95	1,58	3,41	1,60

Tab. 27: Schulbildung (18.–60. Lj.)
I: weniger als Mittelschulabschluß (N=764)
II: Mittelschulabschluß und Abitur (N=762)

Item-Nr.	I.		II.	
	x	s	x	s
1	4,48	1,91	4,40	1,82
2	3,04	1,76	2,88	1,62
3	3,55	1,47	3,29	1,35
4	3,77	1,70	3,73	1,63
5	4,31	1,67	4,57	1,56
6	4,10	1,84	4,43	1,71
7	4,14	1,59	3,72	1,51
8	3,19	1,58	3,08	1,50
9	2,62	1,36	2,62	1,21
10	3,58	1,54	3,39	1,39
11	3,63	1,60	3,52	1,58
12	4,72	1,56	4,81	1,52
13	2,93	1,58	3,06	1,63
14	3,18	1,53	3,01	1,44
15	4,07	1,50	3,99	1,46
16	4,62	1,50	4,74	1,42
17	3,31	1,78	3,36	1,70
18	4,22	1,68	4,32	1,56
19	3,82	1,66	3,76	1,63
20	3,51	1,47	3,59	1,44
21	4,55	1,56	4,15	1,57
22	4,88	1,56	4,58	1,58
23	4,96	1,39	5,09	1,24
24	3,74	1,61	3,96	1,49
25	4,71	1,41	4,75	1,33
26	3,46	1,46	3,26	1,50
27	4,69	1,58	4,73	1,54
28	5,13	1,49	5,16	1,48
29	3,34	1,44	3,31	1,47
30	2,89	1,48	2,74	1,35
31	3,72	1,43	4,20	1,42
32	4,60	1,49	4,62	1,39
33	4,93	1,43	5,08	1,37
34	3,12	1,37	2,92	1,36
35	4,34	1,65	3,99	1,55
36	3,14	1,45	2,94	1,34
37	4,51	1,36	4,63	1,38
38	3,27	1,47	3,18	1,49
39	4,65	1,68	4,73	1,61
40	3,04	1,58	2,82	1,53

Tab. 28: Vergleich der Standardisierung 1975 mit der Neustandardisierung 1990
$(\bar{x}_{1990} - \bar{x}_{1975})$

Item-Nr.	Gesamt 18.–60. Lj.	18.–34. Lj.	35.–60. Lj.	Frauen	Männer	
1	.11	.11	.12	.18	.02	
2	−.15 *	−.05	−.20	−.21	−.08	
3	−.01	−.10	.03	−.02	.01	
4	.19 ***	.23	.18	.19	.21	
5	−.28 ***	−.15	−.38	−.31	−.25	
6	.32 ***	.27	.36	.40	.22	
7	−.49 ***	−.45	−.51	−.64	−.32	Z×G
8	−.02	−.08	.02	−.15	.15	Z×A, Z×G
9	.16 ***	.14	.18	.15	.18	
10	.03	−.05	.09	−.06	.14	
11	−.28 ***	−.29	−.26	−.49	−.04	Z×G
12	.11	.03	.16	.21	−.01	Z×A×G
13	.25 ***	.20	.27	.35	.14	
14	−.27 ***	−.22	−.31	−.46	−.06	Z×G, Z×A×G
15	−.29 ***	−.27	−.30	−.44	−.11	Z×G
16	.25 ***	.30	.22	.26	.24	
17	−.07	.03	−.14	−.14	.00	
18	−.10	.17	−.27	−.14	−.04	Z×A
19	−.24 ***	−.26	−.21	−.36	−.10	
20	.22 ***	.27	.16	.15	.28	Z×A×G
21	−.15 *	−.08	−.18	−.24	−.05	Z×A×G
22	−.34 ***	−.25	−.39	−.41	−.27	
23	.07	.15	.02	.07	.08	
24	.35 ***	.19	.44	.51	.16	Z×G
25	.10	.25	.00	.25	−.08	Z×A, Z×G, Z×A×G
26	−.07	−.03	−.10	−.18	.07	Z×G
27	.12 *	.14	.09	.12	.13	Z×A×G
28	−.12 *	−.15	−.11	−.04	−.23	Z×A×G
29	−.20 ***	−.11	−.25	−.24	.13	
30	.10 *	.14	.09	.06	.15	
31	.35 ***	.22	.44	.44	.25	
32	−.29 ***	−.04	−.45	−.36	−.21	Z×A
33	.03	.13	−.04	.08	−.03	
34	−.22 ***	−.14	−.27	−.44	.02	Z×G
35	−.60 ***	−.55	−.63	−.74	−.44	Z×G
36	−.09	−.17	−.05	−.20	.03	Z×G
37	.26 ***	.25	.27	.30	.21	
38	−.03	−.10	.01	−.05	−.01	
39	.12	.02	.16	.26	−.05	Z×G
40	−.02	−.05	.00	−.07	.02	

*: $p < 0.05$, **: < 0.01, ***: $p < 0.001$ Haupteffekt Zeitpunkt,

Z×A:	Interaktion Zeitpunkt × Alter	$p < 0.05$
Z×G:	Interaktion Zeitpunkt × Geschlecht	$p < 0.05$
Z×A×G:	Interaktion Zeitpunkt × Alter × Geschlecht	$p < 0.05$

Tab. 29: Faktorenanalyse bei Patienten der Psychosomatischen Universitätsklinik Gießen

N = 235 Patienten der Ambulanz
R – Lösung

Summe der Eigenwerte: 27,57
Mittlere Kommunalität der 40 Items: 0,689
Streuung der Kommunalitäten: 0,084
Höchste Kommunalität = 0,86 (Nr. 37) Niedrigste Kommunalität = 0,53 (Nr. 12)

Varianz-Prozent Kumulativ:

Anzahl der Faktoren	%
1	17
3	37
5	50
7	58
9	66
11	72

5-Faktoren-Rotation (Varimax):
Item Nr. und Ladung

1		2		3		4		5	
37	.62	22	.56	13	−.65	14	.71	19	.60
16	.61	31	−.48	21	.62	5	.63	25	−.55
23	.55	3	.42	24	−.56	8	.59	15	.55
9	−.50	35	.41	18	.51	29	.57	11	.48
33	.50	28	.40	38	−.39	6	−.38	10	.43
27	.40	1	.40	39	−.36	4	−.33	34	.42
21 %		18 %		19 %		21 %		22 %	

Tab. 30: Faktorenladungen der Items

Item-Nr.	Faktor					h²
	1	2	3	4	5	
1	−0,03	0,40	0,24	−0,15	0,17	0,27
2	−0,13	0,17	0,25	−0,02	0,30	0,20
3	−0,31	0,42	−0,12	0,14	−0,01	0,31
4	0,09	0,27	0,13	−0,33	0,05	0,21
5	−0,07	−0,07	0,17	0,63	0,02	0,43
6	−0,03	−0,28	−0,17	−0,38	−0,31	0,35
7	−0,08	0,34	0,03	0,11	0,02	0,13
8	0,02	0,26	−0,09	0,59	0,13	0,43
9	−0,50	−0,09	−0,45	−0,01	−0,12	0,47
10	−0,01	−0,25	0,10	0,12	0,43	0,27
11	−0,03	0,08	−0,09	0,21	0,48	0,29
12	0,01	0,10	−0,01	0,25	−0,36	0,20
13	−0,22	−0,11	−0,65	0,03	−0,00	0,49
14	−0,09	−0,07	0,03	0,71	0,12	0,53
15	0,22	0,31	0,06	0,23	0,55	0,50
16	0,61	−0,05	0,03	0,00	−0,21	0,42
17	−0,20	−0,13	−0,07	−0,06	0,39	0,22
18	−0,06	0,14	0,51	0,09	−0,06	0,30
19	−0,02	0,19	0,17	0,29	0,60	0,50
20	−0,08	0,10	−0,02	0,18	0,08	0,06
21	0,04	0,13	0,62	−0,07	0,08	0,41
22	0,20	0,55	0,24	0,16	−0,09	0,44
23	0,55	−0,08	−0,08	−0,29	−0,10	0,41
24	0,15	0,30	−0,56	−0,19	0,12	0,48
25	0,33	0,21	−0,16	−0,20	−0,55	0,52
26	−0,01	0,33	−0,00	−0,11	0,12	0,13
27	0,40	0,03	−0,07	0,35	0,10	0,30
28	0,37	0,40	0,10	−0,09	−0,33	0,42
29	−0,22	−0,03	0,08	0,57	0,02	0,39
30	−0,11	0,03	−0,19	−0,02	0,40	0,21
31	−0,05	−0,48	−0,28	−0,13	0,18	0,37
32	−0,11	−0,13	0,31	0,24	−0,33	0,29
33	0,50	−0,04	0,05	−0,39	−0,21	0,45
34	−0,18	0,15	−0,11	0,05	0,42	0,24
35	−0,07	0,41	0,04	−0,02	0,04	0,17
36	−0,26	0,36	−0,21	0,20	0,03	0,28
37	0,62	−0,17	−0,01	−0,12	−0,18	0,46
38	−0,38	−0,29	−0,39	0,19	0,13	0,43
39	0,31	−0,16	−0,36	−0,08	−0,38	0,40
40	−0,30	0,08	0,09	0,18	0,34	0,25
	21 %	18 %	19 %	21 %	22 %	

Tab. 31: Standardskalen, Nr. und Polung der Items

Nr. der Skala	1	2	3	4	5	6
Nr. der Items und Polung	9 −	1 +	13 −	4 −	10 +	2 +
	16 +	3 +	18 +	5 +	11 +	7 +
	23 +	22 +	21 +	6 −	15 +	17 +
	27 +	28 +	24 −	8 +	19 +	26 +
	33 +	31 −	38 −	14 +	25 −	30 +
	37 +	35 +	39 −	29 +	34 +	40 +
Konstante	8	8	32	16	8	0

A) Items   3   2   1   0   1   2   3   (Fragebogen)
    Skalierung   1   2   3   4   5   6   7   (RW des Items)

Rohwert der Standardskalen 1 bis 6 ist die Summe der Rohwerte der Items einschließlich der zugehörigen Konstanten,
zum Beispiel bei Nr. 4:
$RW = RW_5 + RW_8 + RW_{14} + RW_{29} - RW_4 - RW_6 + 16$

B) Der Rohwert kann gleichfalls durch Umpolung der negativ gerichteten Items gewonnen werden.

Items   3   2   1   0   1   2   3   (Fragebogen)
Skalierung (+):   1   2   3   4   5   6   7   (RW +)
            (−):   7   6   5   4   3   2   1   (RW −) (RW[−] = 8−RW[+])

zum Beispiel bei Nr. 4:
$RW = RW_4 + RW_5 + RW_6 + RW_8 + RW_{14} + RW_{29}$

wobei je nach Polung des Items die Skalierung [+] oder [−] benutzt wird. Die Transformation A ist für Dokumentationszwecke und EDV geeigneter (vgl. Kap. 5.13), die Transformation B für die praktische Testauswertung (Testschablonen, vgl. Kap. 5.12).

Tab. 32: Normwerte und Interkorrelationen der Standardskalen 1 bis 6 in der Standardisierungsstichprobe (N = 1546)

	1	2	3	4	5	6	μ	σ
1		.11	.14	−.36	−.48	−.54	29,36	5,24
2			.24	.04	−.07	.01	25,93	4,75
3				.04	.10	.03	25,84	4,84
4					.29	.32	21,98	5,48
5						.56	21,18	5,61
6							19,35	5,20

· Mittelwerte, Streuungen und Korrelationen der Skalen M und E mit den Skalen 1 bis 6

rM/E = −.39

	1	2	3	4	5	6	μ	σ
M	−.32	−.07	−.09	.13	.21	.26	8,66	6,47
E	.40	.15	.14	−0.17	−0.22	−0.33	6,04	6,96

Tab. 33: Korrelationsmatrix der Standardskalen bei unausgelesenen N = 144 Neurotikern der Psychosomatischen Universitätsklinik Gießen

	2	3	4	5	6	M	E
1	.02	.10	−.28	−.27	−.27	.08	−.12
2		.20	.06	−.03	.03	.01	−.10
3			.14	.15	.15	.03	.09
4				.17	.11	−.29	.37
5					.47	−.02	.01
6						.12	−.15
M							−.20
E							

Tab. 34: Normwerte der Standardskalen für Geschlechts- und
Altersgruppen

	Männlich		Weiblich	
	18.–34. Lj.	35.–60. Lj.	18.–34. Lj.	35.–60. Lj.
1	29,29	28,66	29,93	29,61
2	25,64	25,51	25,32	27,09
3	24,77	26,34	24,61	27,08
4	20,82	21,31	22,37	23,05
5	20,63	21,85	20,42	21,52
6	18,99	19,49	18,82	19,92

	Männlich	Weiblich	18.–34. Lj.	35.–60. Lj.
1	28,91	29,76	29,66	29,14
2	25,56	26,27	25,45	26,30
3	25,72	25,94	24,68	26,71
4	21,12	22,73	21,71	22,18
5	21,37	21,01	20,51	21,68
6	19,29	19,41	18,89	19,70

	Männlich 60.–90. Lj.	Weiblich 60.–90. Lj.
1	27,98	28,23
2	26,83	28,15
3	27,66	28,25
4	22,32	25,02
5	23,10	23,90
6	20,85	22,45

Tab. 35: Abhängigkeit der Standardskalen vom Bildungsniveau
A: Hohes Bildungsniveau (Mittelschule und mehr, vgl. Tab. 27)
B: Niedriges Bildungsniveau (weniger als Mittelschule)

	A	B
1	29,65	29,09
2	25,22	26,64
3	25,54	26,18
4	21,80	22,16
5	20,83	21,51
6	18,79	19,88

Tab. 36: Faktorenvergleich

1. Spalte:	Ladungen bei Neurotikern (N = 235)
2. Spalte:	Ladungen bei Normalen, Abiturienten (N = 44)
3. Spalte:	Ladungen bei Normalen, Volksschule ohne abgeschlossene Lehre (N = 235)

Pro Faktor wurden die sechs höchsten Ladungen (kursiv gedruckte Werte) ermittelt.

Item-Nr.	Text	Faktorenladungen		
		Pat.	Normale	
			ABI	VSO
Skala 1:	(vgl. Skala 3)		I	II
37	leicht anziehend	.62	*.53*	.35
16	leicht beliebt	.61	*.57*	.15
23	wertvoll	.55	.34	*.61*
9	Arbeitsleistung zufrieden	−.50	−.51	−.22
33	gut Interessen durchsetzen	.50	.32	*.66*
27	viel Wert schön aussehen	.40	.07	*.53*
30	viel Liebe schenken	−.11	−.77	.03
17	leicht binden	−.20	−.70	−.06
28	leicht zusammenarbeiten	.37	*.63*	.20
10	viel Vertrauen	−.01	−.54	.17
21	überordentlich	.04	−.01	*.47*
13	gut mit Geld umgehen	−.22	−.03	−.39
20	wirkt jünger	−.08	−.22	−.38
Skala 2:	(vgl. Skala 5)		II	V
22	selten Auseinandersetzungen	.56	.60	*.38*
31	fügsam	−.48	−.31	−.36
3	gelenkt werden	.42	.09	.19
35	schlechte schauspielerische Fähigkeiten	.41	*.61*	*.43*
28	leicht zusammenarbeiten	.40	−.15	.26
1	geduldig	.40	.20	*.52*
19	schwer heraus	.19	.86	.37
11	wenig Bedürfnis nach Liebe	.08	.66	.18
15	wenig preisgeben	.31	*.63*	*.43*
26	wenig Phantasie	.33	*.63*	.33

Item-Nr.	Text	Faktorenladungen		
		Pat.	Normale	
		ABI	VSO	
Skala 3:	(vgl. Skala 1)	I	II	
13	gut mit Geld umgehen	−.65	−.58	−.39
21	überordentlich	.62	.78	.47
24	viel Mühe.	−.56	−.70	−.18
18	Wahrheit übergenau	.51	.67	.23
38	leicht bei einer Sache bleiben	−.39	−.41	.05
39	schwer ausgelassen	−.36	−.11	.24
23	wertvoll	−.08	.63	.61
3	andere lenken.	−.12	−.63	−.21
33	gut Interessen durchsetzen.	.05	.25	.66
27	viel Wert schön aussehen.	−.07	.05	.53
20	wirkt jünger	−.02	−.22	−.38
Skala 4:		III	IV	
14	oft bedrückt	.71	.74	.55
5	häufig innere Probleme	.63	.53	.39
8	besonders ängstlich	.59	.62	.53
29	immer Selbstvorwürfe	.57	.59	.61
6	Ärger hineinfressen	−.38	−.11	−.22
4	Lebensbedingungen stark beeinflussen	−.33	−.54	−.06
33	schlecht Interessen durchsetzen	−.39	−.55	−.19
32	oft Sorgen um andere.	.24	.55	.24
40	anderen Geschlecht befangen	.18	.05	.44
28	schwer zusammenarbeiten.	−.09	.05	−.37
Skala 5:	(vgl. Skala 2)	II	V	
19	schwer heraus	.60	.86	.37
25	anderen fern	−.55	−.03	−.12
15	wenig preisgeben.	.55	.63	.43
11	wenig Bedürfnis nach Liebe	.48	.66	.18
10	wenig Vertrauen	.43	−.02	.03
34	in der Liebe wenig erlebnisfähig	.42	.43	.29
26	wenig Phantasie	.12	.63	.33
35	schlechte schauspielerische Fähigkeiten	.04	.61	.43
22	selten Auseinandersetzungen	−.09	.60	.38
1	geduldig	.17	.20	.52
31	fügsam	.18	−.31	−.36

Item-Nr.	Text	Faktorenladungen	
		Pat.	Normale
		(ABI–I)	VSO–I
25	nahe	–	.24	.66
12	sucht Anschluß an einen Menschen	–	.02	.54
39	leicht ausgelassen.	–	.17	.53
16	leicht beliebt	–	.57	.41
10	viel Vertrauen	–	.54	–.39
37	leicht anziehend	–	.53	.39
			VSO–III
30	viel Liebe schenken.	–	–	–.56
34	in der Liebe intensiv erlebnisfähig	–	–	–.54
38	leicht bei der Sache bleiben.	–	–	–.48
36	stark	–	–	–.47
3	andere lenken.	–	–	–.46
26	viel Phantasie.	–	–	–.43
		ABI–IV	
27	viel Wert schön aussehen.	–	.67	–
40	anderen Geschlecht unbefangen	–	–.62	–
36	stark	–	–.60	–
6	Ärger abreagieren	–	.54	–
4	Lebensbedingungen stark beeinflussen	–	–.49	–
7	stark übertreffen	–	–.47	–

Tab. 37: Mittelwertsprofil
von unausgelesenen Neurotikern (N = 235)
der Psychosomatischen Universitätsklinik
Gießen

Item-Nr.	Rohwerte		$\overline{\overline{SW}}$
	$\bar{x}$	s	
1	3,36	1,71	3,12
2	3,91	1,88	4,83
3	3,77	1,61	4,36
4	3,19	1,67	3,50
5	5,83	1,40	5,28
6	3,41	2,03	3,27
7	4,11	1,61	4,17
8	4,61	1,77	5,43
9	3,18	1,59	4,63
10	4,00	1,63	4,52
11	4,35	1,55	4,72
12	4,63	1,62	3,87
13	3,40	1,65	4,36
14	5,36	1,50	6,29
15	4,51	1,54	4,48
16	4,05	1,64	3,34
17	4,09	1,75	4,65
18	4,49	1,72	4,21
19	4,96	1,70	5,07
20	3,86	1,61	4,31
21	4,22	1,63	3,88
22	4,42	1,52	3,71
23	3,75	1,44	2,56
24	3,23	1,58	3,40
25	3,53	1,44	2,69
26	3,38	1,53	4,02
27	4,57	1,42	3,87
28	4,40	1,58	3,25
29	4,79	1,45	5,51
30	3,30	1,67	4,51
31	3,83	1,54	3,86
32	5,06	1,38	4,48
33	3,70	1,62	2,61
34	3,82	1,59	4,88
35	4,46	1,51	4,28
36	3,86	1,56	4,88
37	3,87	1,36	3,23
38	4,13	1,48	4,91
39	3,80	1,87	3,19
40	4,04	1,66	5,06

Tab. 38: Typische Profile bei Neurotikern
(T-Werte, faktorenanalytisch gewonnene Profiltypen mit standardisierten Profilvarianzen)

	1	2	3	4	5 (14)	6 (15)	7 (16)	8 (12)
1	33,2	45,7	46,2	51,2	55,0	50,7	48,2	52,6
2	54,2	50,2	37,6	56,4	47,1	56,8	50,5	46,8
3	56,2	40,9	48,6	56,9	64,7	51,8	57,3	51,9
4	60,0	59,9	50,7	62,3	62,4	52,1	54,0	54,5
5	63,0	43,1	56,7	58,5	47,8	50,1	63,1	60,0
6	59,1	48,5	60,0	52,0	51,8	56,1	51,7	50,1

	1	2	3	4	5 (14)	6 (15)	7 (16)	8 (12)
1	55,1	45,1	53,0	45,5	43,0	54,6	47,4	49,9
2	55,1	52,6	53,4	59,2	50,9	59,0	49,4	55,5
3	40,1	45,0	62,7	55,7	67,6	43,0	55,8	53,4
4	49,4	51,1	52,0	48,5	53,6	40,6	51,0	49,0
5	57,0	54,9	53,2	48,1	51,0	60,3	58,0	44,9
6	56,8	51,1	57,3	58,3	51,6	56,6	52,3	56,7

Tab. 39: Mittelwertsprofil (SW)
einer Stichprobe von Ulcus-Kranken (N=35)
und der Vergleichsgruppe Männer

	$\overline{SW}^1$ Ulcus	$\overline{SW}^1$ Norm (Männer)
1	3,36	4,03
2	4,19	4,03
3	3,77	3,73
4	3,64	4,11
5	4,32	3,91
6	3,13	4,04
7	3,29	3,76
8	4,14	3,52
9	3,88	3,86
10	3,56	3,99
11	3,59	3,90
12	4,06	4,09
13	4,19	4,15
14	4,37	3,79
15	4,00	3,91
16	4,16	4,01
17	3,83	4,02
18	3,75	3,89
19	3,93	3,99
20	4,24	4,14
21	4,42	3,82
22	3,27	3,90
23	3,79	3,98
24	4,17	4,16
25	4,15	4,02
26	3,72	3,93
27	4,10	3,54
28	4,20	4,18
29	4,41	3,83
30	3,99	4,04
31	3,63	4,14
32	3,94	3,70
33	3,89	4,09
34	3,95	3,80
35	3,87	3,86
36	4,35	3,77
37	3,97	3,97
38	4,05	3,98
39	4,19	3,94
40	4,13	3,89

[1] $\overline{SW}$ bezieht sich auf die Standardisierung 1968.

Tab. 40: Stichprobe von Nicht-Wählern
(N=44)

Item-Nr.	$\bar{x}$	s
1	4,41	1,77
2	3,57	1,70
3	3,36	1,28
4	4,05	1,84
5	5,30	1,34
6	3,34	1,80
7	4,80	1,55
8	2,77	1,76
9	2,70	1,80
10	3,73	1,68
11	4,02	1,57
12	4,18	1,60
13	3,05	1,84
14	3,70	1,66
15	4,61	1,69
16	4,14	1,68
17	3,50	1,52
18	4,57	1,90
19	4,18	1,81
20	3,68	1,61
21	4,61	1,75
22	5,20	1,72
23	4,68	1,07
24	3,75	1,79
25	4,75	1,51
26	3,91	1,46
27	3,86	1,55
28	5,00	1,74
29	3,45	1,50
30	3,32	1,49
31	3,57	1,63
32	4,73	1,55
33	4,68	1,57
34	3,57	1,66
35	4,91	1,91
36	3,36	1,31
37	3,75	1,24
38	3,25	1,50
39	3,82	1,77
40	3,55	1,52

Tab. 41: Vergleiche zwischen Studenten, Abiturienten und gleichaltrigen
Nicht-Studenten

	Standardwerte					t-Tests		
Nr.	Stud. N=162	Stud. A N=89	Stud. E N=73	Adol. N=51	Abit. N=174	Nr.	Stud.-Adol.	A.–E.
1	3,72	3,73	3,71	3,48	3,64	1	1,22	0,13
2	3,63	3,51	3,78	3,41	3,87	2	1,19	1,94
3	3,93	3,96	3,89	3,98	3,85	3	0,33	0,46
4	4,00	4,13	3,85	4,47	3,74	4	2,12 *	1,58
5	4,61	4,63	4,59	3,74	4,75	5	5,03 ***	0,30
6	3,96	3,92	4,00	3,93	4,08	6	0,15	0,49
7	3,36	3,42	3,30	3,89	3,36	7	2,84 **	0,79
8	4,08	4,18	3,96	4,10	4,12	8	0,09	1,40
9	5,31	5,37	5,23	4,26	5,47	9	6,06 ***	0,94
10	3,80	3,80	3,81	3,98	4,23	10	0,98	0,06
11	3,90	3,92	3,88	3,78	3,99	11	0,60	0,20
12	4,70	4,76	4,63	4,41	4,47	12	1,66	0,83
13	4,94	4,87	5,02	4,63	4,63	13	1,34	0,66
14	4,54	4,47	4,62	3,85	4,76	14	3,26 **	0,82
15	3,85	3,95	3,73	4,00	4,09	15	0,68	1,20
16	4,02	4,10	3,93	4,03	3,99	16	0,04	1,10
17	4,23	4,27	4,19	3,71	4,07	17	2,43 *	0,44
18	3,75	3,67	3,83	3,47	3,42	18	1,48	1,00
19	4,07	4,21	3,90	3,80	4,15	19	1,33	1,95
20	4,13	4,31	3,91	4,19	4,69	20	0,30	2,65 **
21	2,97	2,81	3,15	3,82	2,98	21	3,96 ***	1,89
22	3,30	3,35	3,24	3,56	3,05	22	1,14	0,54
23	3,57	3,43	3,75	3,63	3,35	23	0,29	1,87
24	4,84	4,98	4,66	4,55	5,09	24	1,33	1,88
25	3,75	3,58	3,97	4,20	3,46	25	2,27 *	2,42 *
26	3,46	3,65	3,24	3,75	3,65	26	1,40	2,16 *
27	3,91	4,03	3,77	4,36	4,34	27	2,22 *	1,52
28	3,45	3,52	3,39	4,21	3,44	28	3,59 ***	0,79
29	4,44	4,52	4,34	3,96	4,56	29	2,25 *	1,06
30	3,43	3,52	3,32	3,55	3,44	30	0,60	1,12
31	4,80	4,70	4,92	4,43	4,96	31	1,76	1,17
32	3,96	3,93	3,99	3,52	3,98	32	2,25 *	0,32
33	3,45	3,57	3,32	3,90	3,47	33	2,21 *	1,67
34	3,09	3,24	2,92	3,70	3,14	34	2,94 **	1,81
35	3,27	3,25	3,29	3,55	3,25	35	1,32	0,18
36	4,05	4,17	3,90	4,00	4,34	36	0,30	1,70
37	4,20	4,30	4,03	4,44	4,15	37	1,38	1,81
38	4,88	5,07	4,65	4,19	4,54	38	3,06 **	2,36 *
39	4,35	4,39	4,30	4,54	4,22	39	0,92	0,54
40	3,66	3,61	3,71	3,90	3,73	40	1,11	0,50

Stud.: Repräsentative Stichprobe Gießener Studenten
   A: Studienanfang
   E: Studienende
Adol.: Zur Stud.-Stichprobe parallel Gleichaltrige
Abit.: Repräsentative Stichprobe Gießener Abiturienten, die studieren wollen (91 %)

Tab. 42: Liste der subjektiven Beschwerden und Beziehungen
zu den Standardskalen nach Faktoren (Varimax rotiert)
und maximaler Ladung geordnet

Beschwerden	Ladungen (> 0,30)
I. Faktor	
Mattigkeit	0,73
Rasche Erschöpfbarkeit	0,72
Müdigkeit	0,69
Übermäßiges Schlafbedürfnis	0,61
Gefühl der Benommenheit	0,55
Schwächegefühl	0,54
Schweregefühl oder Müdigkeit in den Beinen	0,49
Drang zum Wasserlassen	0,45
Anfallsweise Atemnot	0,42
Starkes Schwitzen	0,41
Übelkeit	0,37
Anfallsweise Herzbeschwerden	0,34
Druckgefühl im Kopf	0,32
Gleichgewichtsstörungen	0,32
Schwindelgefühl	0,31
Kopfschmerzen	0,31
Herzklopfen, Herzjagen oder Herzstolpern	0,31
II. Faktor	
Druck- oder Völlegefühl im Leib	0,71
Appetitlosigkeit	0,69
Magenschmerzen	0,63
Übelkeit	0,61
Aufstoßen	0,55
Sodbrennen, saures Aufstoßen	0,52
Gewichtsabnahme	0,47
Stiche, Schmerzen oder Ziehen in der Brust	0,39
Erbrechen	0,36
Schwächegefühl	0,33
Durchfälle	0,32
III. Faktor	
Gelenk- oder Gliederschmerzen	0,68
Kreuz- oder Rückenschmerzen	0,56
Schweregefühl oder Müdigkeit in den Beinen	0,51
Schlafstörungen	0,51
Gehstörungen	0,48
Sehstörungen	0,43
Nacken- oder Schulterschmerzen	0,40
Taubheitsgefühl	0,39
Überempfindlichkeit gegen Wärme	0,39
Kalte Füße	0,38
Anfallsweise Herzbeschwerden	0,38
Anfallsweise Atemnot	0,34
Stiche, Schmerzen oder Ziehen in der Brust	0,32

Gleichgewichtsstörungen	0,31
Mattigkeit	0,31

IV. Faktor

Kopfschmerzen	0,56
Druckgefühl im Kopf	0,51
Juckreiz	0,48
Hautveränderungen	0,48
Überempfindlichkeit gegen Wärme	0,47
Sodbrennen oder saures Aufstoßen	0,44
Starkes Schwitzen	0,43
Gewichtszunahme	0,41
Herzklopfen, Herzjagen oder Herzstolpern	0,39
Aufsteigende Hitze, Hitzewallungen	0,36
Ohnmachtsanfälle	0,32
Schwindelgefühl	0,31

V. Faktor

Schluckbeschwerden	0,72
Hustenreiz	0,57
Kloßgefühl, Engigkeit oder Würgen im Hals	0,56
Halsschmerzen	0,56
Taubheitsgefühl	0,41
Verkrampfung im Arm beim Schreiben	0,39
Überempfindlichkeit gegen Kälte	0,37
Juckreiz	0,34
Gefühl der Benommenheit	0,31

VI. Faktor

Anfälle	0,60
Sprachstörung	0,47
Lähmungen	0,47
Gleichgewichtsstörungen	0,40
Ohnmachtsanfälle	0,38
Stiche, Schmerzen oder Ziehen in der Brust	0,38
Skala 1 des GT	−0,37
Anfallsweise Herzbeschwerden	0,36

VII. Faktor

Leichtes Erröten	0,55
Kalte Füße	0,51
Heißhunger	0,48
Verstopfung	0,46
Aufsteigende Hitze, Hitzewallungen	0,39
Unterleibsbeschwerden	0,39
Überempfindlichkeit gegen Kälte	0,36

VIII. Faktor

Skala 4 des GT	0,60
Gewichtsabnahme	0,42

Beschwerden	Ladungen (> 0,30)
Verkrampfung im Arm beim Schreiben.	0,39
Durchfälle.	0,35
Neigung zum Weinen.	0,33
Anfallsweise Atemnot	0,31

IX. Faktor

Geschlechtliche Übererregbarkeit	−0,53
Geschlechtliche Untererregbarkeit.	0,43
Erbrechen.	0,42
Skala 3 des GT.	0,39
Skala 2 des GT.	0,38
Anfallsweise Atemnot	0,37
Schwindelgefühl	0,36
Schwächegefühl.	0,34
Druckgefühl im Kopf.	0,31

X. Faktor

Skala 5 des GT.	0,73
Skala 6 des GT.	0,71
Kloßgefühl, Engigkeit, Würgen im Hals	0,30

Tab. 43: Korrelationen der Standardskalen des GT mit MMPI-Skalen bei 144 unausgelesenen Neurotikern verschiedenster Symptomatik

	1	2	3	4	5	6	M	E
L	0,10	0,25	0,30	−0,18	−0,02	0,11	0,27	−0,06
F	−0,31	−0,15	−0,15	0,36	0,19	0,02	−0,30	0,38
K	0,24	0,16	−0,06	−0,26	−0,23	−0,00	0,18	−0,21
Hd	0,03	0,07	0,30	0,05	0,05	0,24	−0,07	−0,06
D	−0,18	0,01	0,18	0,37	0,17	0,24	−0,20	0,08
Hy	0,05	0,03	0,16	0,15	0,01	0,14	0,02	−0,03
Pp	−0,05	−0,19	−0,09	0,22	0,04	−0,08	−0,28	0,24
Mf	−0,09	−0,08	0,05	0,07	0,21	0,13	−0,17	−0,02
Pa	−0,18	−0,04	0,23	0,29	0,18	0,06	−0,21	0,29
Pt	−0,28	0,06	0,15	0,39	0,18	0,20	−0,23	0,09
Sc	−0,23	−0,05	0,05	0,35	0,23	0,15	−0,28	0,21
Ma	0,03	−0,31	−0,14	0,08	−0,11	−0,22	−0,17	0,20
Si	−0,36	0,09	0,09	0,30	0,30	0,29	−0,25	0,11

Tab. 44: Transformation (50/10) für die Items

Item-Nr.	(3) 1	(2) 2	Rohwert (1) 3	(0) 4	(1) 5	(2) 6	(3) 7
1	31	37	42	48	53	59	64
2	38	44	50	56	62	68	74
3	33	40	47	54	61	68	75
4	34	40	46	52	58	64	70
5	29	35	41	47	53	60	66
6	32	37	43	48	54	60	65
7	31	38	44	50	57	63	70
8	36	43	49	56	62	69	75
9	37	45	53	61	68	76	84
10	33	40	47	53	60	67	74
11	34	40	46	53	59	65	72
12	25	32	38	45	52	58	65
13	38	44	50	56	62	69	75
14	36	43	49	56	63	70	76
15	29	36	43	50	57	63	70
16	25	32	38	45	52	59	66
17	37	42	48	54	60	65	71
18	30	36	42	48	55	61	67
19	33	39	45	51	57	63	70
20	32	39	46	53	60	67	74
21	29	35	41	48	54	60	67
22	26	33	39	45	52	58	64
23	20	27	35	42	50	57	65
24	32	38	45	51	57	64	70
25	23	30	37	45	52	59	67
26	34	41	48	54	61	68	75
27	26	33	39	45	52	58	65
28	22	29	36	42	49	56	63
29	34	41	48	55	62	68	75
30	37	44	51	58	65	72	79
31	29	36	43	50	57	64	71
32	25	32	39	46	53	60	67
33	21	29	36	43	50	57	64
34	35	43	50	57	64	72	79
35	30	37	43	49	55	61	68
36	35	43	50	57	64	71	78
37	24	31	39	46	53	60	68
38	35	42	48	55	62	69	75
39	28	34	40	46	52	58	64
40	38	44	50	57	63	70	76

Tab. 45: Transformation (4/1,5) für die Items

Item-Nr.	(3) 1	(2) 2	(1) 3	(0) 4	(1) 5	(2) 6	(3) 7
			Rohwert				
1	1,2	2,0	2,8	3,6	4,5	5,3	6,1
2	2,3	3,1	4,0	4,9	5,8	6,7	7,6
3	1,4	2,5	3,6	4,6	5,7	6,7	7,8
4	1,5	2,4	3,3	4,2	5,1	6,0	6,9
5	0,8	1,7	2,7	3,6	4,5	5,4	6,4
6	1,2	2,1	2,9	3,8	4,6	5,5	6,3
7	1,2	2,1	3,1	4,1	5,0	6,0	7,0
8	1,9	2,9	3,9	4,8	5,8	6,8	7,8
9	2,1	3,3	4,4	5,6	6,7	7,9	9,0
10	1,5	2,5	3,5	4,5	5,5	6,6	7,6
11	1,6	2,5	3,5	4,4	5,3	6,3	7,2
12	0,3	1,3	2,3	3,3	4,2	5,2	6,2
13	2,1	3,1	4,0	4,9	5,9	6,8	7,7
14	1,9	2,9	3,9	4,9	5,9	6,9	8,0
15	0,9	1,9	3,0	4,0	5,0	6,0	7,0
16	0,2	1,2	2,3	3,3	4,3	5,4	6,4
17	2,0	2,8	3,7	4,6	5,4	6,3	7,2
18	1,0	1,9	2,8	3,8	4,7	5,6	6,5
19	1,5	2,4	3,3	4,2	5,1	6,0	6,9
20	1,4	2,4	3,4	4,5	5,5	6,5	7,6
21	0,8	1,8	2,7	3,7	4,6	5,6	6,5
22	0,4	1,4	2,4	3,3	4,3	5,2	6,2
23	−0,6 (0,0)	0,6	1,7	2,8	4,0	5,1	6,3
24	1,2	2,2	3,2	4,1	5,1	6,1	7,0
25	−0,1 (0,0)	1,0	2,1	3,2	4,3	5,4	6,5
26	1,6	2,6	3,6	4,7	5,7	6,7	7,7
27	0,4	1,4	2,4	3,3	4,3	5,2	6,2
28	−0,2 (0,0)	0,8	1,8	2,8	3,9	4,9	5,9
29	1,6	2,6	3,7	4,7	5,7	6,8	7,8
30	2,1	3,1	4,2	5,3	6,3	7,4	8,4
31	0,9	2,0	3,0	4,0	5,1	6,1	7,2
32	0,3	1,3	2,3	3,4	4,4	5,5	6,5
33	−0,3 (0,0)	0,8	1,9	2,9	4,0	5,1	6,1
34	1,8	2,9	4,0	5,1	6,2	7,3	8,4
35	1,1	2,0	2,9	3,9	4,8	5,7	6,7
36	1,8	2,9	4,0	5,0	6,1	7,2	8,3
37	0,1	1,2	2,3	3,4	4,5	5,6	6,7
38	1,7	2,8	3,8	4,8	5,8	6,8	7,8
39	0,6	1,6	2,5	3,4	4,3	5,2	6,1
40	2,1	3,1	4,1	5,0	6,0	7,0	7,9

Tab. 46: Transformation zwischen (50/10) und (4/1,5)

23	−0,05	50	4,00
24	0,10	51	4,15
		52	4,30
25	0,25	53	4,45
26	0,40	54	4,60
27	0,55		
28	0,70	55	4,75
29	0,85	56	4,90
		57	5,05
30	1,00	58	5,20
31	1,15	59	5,35
32	1,30		
33	1,45	60	5,50
34	1,60	61	5,65
		62	5,80
35	1,75	63	5,95
36	1,90	64	6,10
37	2,05		
38	2,20	65	6,25
39	2,35	66	6,40
		67	6,55
40	2,50	68	6,70
41	2,65	69	6,85
42	2,80		
43	2,95	70	7,00
44	3,10	71	7,15
		72	7,30
45	3,25	73	7,45
46	3,40	74	7,60
47	3,55		
48	3,70	75	7,75
49	3,85	76	7,90
		77	8,05
		78	8,20
		79	8,35
		80	8,50
		81	8,65
		82	8,80
		83	8,95
		84	9,10

Tab. 47: Transformationen für die Standardskalen

RW	T-Werte der Skalen 1–6, M und E								T-Wert		%-Rang
	1	2	3	4	5	6	M	E			
0	–	–	–	–	–	–	31	38	11	89	
1	–	–	–	–	–	–	36	44	12	88	
2	–	–	–	–	–	–	38	47	13	87	
3	–	–	–	–	–	–	41	49	14	86	
4	–	–	–	–	–	–	43	51	15	85	
5	–	–	–	–	–	–	45	52	16	84	
6	5	8	9	21	23	24	47	53	17	83	0,0
7	7	10	11	23	25	26	49	55	18	82	0,1
8	9	12	13	25	26	28	51	56	19	81	0,1
9	11	14	15	26	28	30	53	56	20	80	0,1
10	13	16	17	28	30	32	54	58	21	79	0,2
11	15	19	19	30	32	34	56	59	22	78	0,3
12	17	21	21	32	34	36	57	60	23	77	0,3
13	19	23	24	34	35	38	58	61	24	76	0,5
14	21	25	26	35	37	40	60	61	25	75	0,6
15	23	27	28	37	39	42	61	62	26	74	0,8
16	25	29	30	39	41	44	62	63	27	73	1,1
17	26	31	32	41	43	45	63	64	28	72	1,4
18	28	33	34	43	44	47	64	65	29	71	1,8
19	30	35	36	45	46	49	65	65	30	70	2,3
20	32	37	38	46	48	51	66	66	31	69	2,9
21	34	40	40	48	50	53	66	67	32	68	3,6
22	36	42	42	50	51	55	67	68	33	67	4,5
23	38	44	44	52	53	57	68	69	34	66	5,5
24	40	46	46	54	55	59	69	69	35	65	6,7
25	42	48	48	56	57	61	70	70	36	64	8,1
26	44	50	50	57	59	63	70	70	37	63	9,7
27	46	52	52	59	60	65	71	71	38	62	11,5
28	47	54	54	61	62	67	72	71	39	61	14,6
29	49	56	57	63	64	69	72	72	40	60	15,9
30	51	59	59	65	66	70	73	73	41	59	18,4
31	53	61	61	66	68	72	73	74	42	58	21,2
32	55	63	63	68	69	74	74	75	43	57	24,2
33	57	65	65	70	71	76	75	77	44	56	27,4
34	59	67	67	72	73	78	76	77	45	55	30,9
35	61	69	69	74	75	80	77	78	46	54	34,5
36	63	71	71	76	76	82	78	78	47	53	38,2
37	65	73	73	77	78	84	78	78	48	52	42,1
38	66	75	75	79	80	86	79	78	49	51	46,0
39	68	78	77	81	82	88	80	79	50	50	50,0
40	70	80	79	83	84	90	80	80			
41	72	82	81	85	85	92	–	–			
42	74	84	83	87	87	94	–	–			

Skalen 1–6: $T = \dfrac{RW - \bar{x}_i}{s_i} \cdot 10 + 50$; $\bar{x}_i$, s_i vgl. Tab. 32

M, E: Flächentransformation zur Normalisierung der nicht normalverteilten Rohwerte

Verlag Hans Huber
Bern Stuttgart Toronto

Huber:
Praxis

Ulrike Karren

Die Psychologie der Magersucht

Erklärung und Behandlung von Anorexia nervosa

2., durchgesehene Auflage. 1991, 144 Seiten, 17 Abbildungen, kartoniert Fr. 26.— / DM 29.80

Auf das Phänomen der «pubertären Magersucht» oder der «Anorexia nervosa» reagieren auch Psychotherapeuten und Ärzte nicht selten mit Befremden oder gar Verärgerung. Hier wird der Versuch unternommen, Verständnis für Anorektikerinnen und ihre Angehörigen zu wecken. Zugleich regt das Buch zu klientengemäßer Integration therapeutischer Maßnahmen an. Neben der Darstellung und Diskussion nosologischer, diagnostischer und epidemiologischer Aspekte der Anorexia nervosa enthält es einen kritischen Vergleich ihrer Erklärung und Behandlung in psychoanalytischen, feministischen, verhaltens- und familientherapeutischen Ansätzen. Für die 2. Auflage wurde das Buch durchgesehen und korrigiert.

Lillie Weiß / Melanie Katzmann / Sharlene Wolchik

Bulimie

Ein Behandlungsplan

Aus dem Englischen übersetzt von Iris Gutmann und Friederike Potreck-Rose. 1989, 138 Seiten, 5 Abbildungen, 7 Tabellen, kartoniert Fr. 26.— / DM 29.80

Das hier vorgestellte Behandlungsprogramm für bulimiekranke Frauen basiert auf den Ergebnissen einschlägiger Untersuchungen. Es wurde sowohl in Gruppen- wie in Einzeltherapien erfolgreich eingesetzt und laufend verbessert. Das siebenwöchige Modifikationsprogramm ist thematisch und zeitlich überschaubar. Die meisten Kliniker werden es ohne große Schwierigkeiten für ihre praktische Arbeit übernehmen können.

Monica McGoldrick / Randy Gerson

Genogramme in der Familienberatung

Aus dem Englischen übersetzt von Irmela Erckenbrecht. 1990, 196 Seiten, zahlreiche Schemata und Abbildungen, kartoniert Fr. 34.— / DM 39.80

Das Genogramm ist eine praktische Methode, Fakten übersichtlich darzustellen, die in der Anfangsphase einer Familienberatung zu Tage treten: Informationen über den Patienten und seine Beziehungen zu Verwandten der eigenen, vorausgehender oder nachkommender Generationen. In den Genogrammen zahreicher Familien mit berühmten Mitgliedern (u.a. Freud, Gandhi, Roosevelt, C. G. Jung, Virginia Woolf, Kennedy, O'Neill, Mead, Chaplin, Einstein) wird die Effektivität dieses Instruments ebenso dargestellt wie an konkreten Fallgeschichten.